Beate und Martin Nimsky
*Intrinsische Kompetenz*

*Zu den Autoren: Beate und Martin Nimsky*

*Beate Nimsky ist seit 1989 Managementberaterin, Trainerin und systemischer Coach. Strategische Personalentwicklung und der Aufbau von Kompetenz-modellen gehören genauso zu ihren Tätigkeitsfeldern wie Führungs- und Kommunikationstraining, Organisationsentwicklung und -beratung. Parallel dazu praktiziert und lehrt sie seit über 20 Jahren Meditation und Energie-arbeit. Von dem anerkannten chinesischen Großmeister Mantak Chia wurde sie zum Senior Teacher berufen.*

*Martin Nimsky studierte Chemie, Musikwissenschaften und erhielt eine klassische Gesangsausbildung. In den darauf folgenden Musik- und Körper-Therapien öffnete sich sein Herz und er fand seine wahre Berufung als Coach und Trainer in der Entwicklung menschlichen Potentials. Prägend für ihn waren die Begegnungen mit japanischen Lehrern (gewaltfreie Kampfkünste), Margareta Krattner (Stimme), Jack Painter (Körperintegration) und Ernest Rossi (Innere Arbeit in Trance). Seit 30 Jahren begleitet er Männer und Frauen in seiner Coaching-Praxis, in Seminaren und Weiterbildungen bei den schwierigen und schönen Themen ihres Lebens.*

Beate und Martin Nimsky

# Intrinsische Kompetenz

Sie haben Es in sich.

BREUER & WARDIN
www.Verlagskontor.com

CIP-Titelaufnahme der Deutschen Bibliothek

Nimsky, Beate und Martin
Intrinsische Kompetenz. Sie haben Es in sich
BREUER & WARDIN Verlagskontor GmbH, 2010
ISBN 978-3-939621-78-2

Als Ergänzung zu diesem Buch ist im selben Verlag auch die DVD »Intrinsische Kompetenz« und die CD »GEN Evolution« erschienen. Weitere Informationen dazu finden Sie auf den letzten Seiten des Buches.

Text: Beate und Martin Nimsky
Illustrationen: Martin Nimsky, Beate Nimsky; Peter Hörnstein; Matthias Horz, Fotogalerie Hofer, Hadamar
Projektleitung: Heiko Breuer und Bodo Wardin
Lektorat: Martina Rohfleisch
Korrektorat: Ingrid Wardin, Stefanie Scheiler
Satz: edition wolkenburg, Rheinbreitbach
Umschlaggestaltung: H+S Kommunikation GmbH
Druck: Medienhaus Plump, Rheinbreitbach


BREUER & WARDIN
Verlagskontor GmbH
Zum Scheider Feld 12
51467 Bergisch Gladbach

Hotline: +49 1805 436 436
(14 Cent/Min. Festnetz; max. 42 Cent/Min. aus den Mobilfunknetzen)

kontakt@verlagskontor.com
www.verlagskontor.com

Printed in Germany
ISBN 978-3-939621-78-2

# Inhalt

Vorwort zum Genießen 9

Die erste Einladung 10

1. Was ist intrinsische Kompetenz? 11

2. Wie gelingt der Aufbau intrinsischer Kompetenz? 41

3. Lernen mit dem Schub der Evolution 49

4. Verrat am Selbst – Abwehrmuster und Charaktertypen 57

5. Sie haben es in sich! Körperhaltung und Energieniveau 81

6. Der erotischen Spur folgen – Gefühle sind Wegzeiger 108

7. Intrinsische Kompetenz im Beziehungsgeflecht 115

8. Denken – Kommunizieren – Motivieren 149

9. Neun Schritte zur intrinsischen Kompetenz 177

Literatur 188

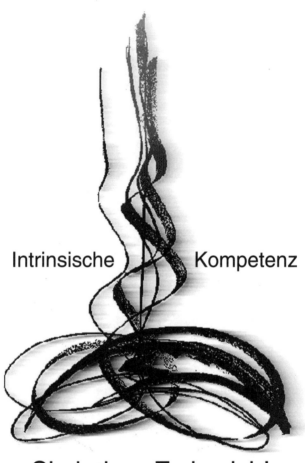

Intrinsische Kompetenz

## Sie haben Es in sich!

# Als intrinsische Kompetenz ...

... bezeichnen wir die Fähigkeit eines Menschen, sein inneres, wahres Selbst und seine äußeren, extrinsischen Persönlichkeitsanteile miteinander abzustimmen. Lust und Verantwortung etwa können so miteinander kombiniert werden, dass diese beiden Kräfte sich wegen ihrer Gegensätzlichkeit nicht auslöschen, sondern sogar potenzieren! [6]

Intrinsische Kompetenz entsteht durch die Verankerung des Menschen in seiner Körpermitte und in seinem Wesenskern. Sie ermöglicht den Genuss von Energien, die ihn in anderer Weise das Leben meistern lassen, als es mit oberflächlichen Persönlichkeitsschichten möglich ist.

Sie ist eine geheimnisvoll tragende, ordnende und gestaltende, lösende und wohltuende Fähigkeit.

# Vorwort zum Genießen

Ursprünglich hat der Begriff Genuss eine wesentlich umfassendere Bedeutung: Manchmal wird er nur für Essen und Trinken verwendet, doch auch ein Konzert, ein Auftrag, eine Besprechung oder dieses Buch kann genossen werden. Vor allem ist der Zustand gemeint, in dem sich die oder der Genießende dabei befindet. Angesprochen sind alle Sinne und das ganze Gehirn.

Wer sich hemmungslos dem ausgesprochen gesunden und heilsamen Genuss des Lebens in allen Facetten seiner beruflichen und persönlichen Welt widmen möchte – wozu wir jeden, der dieses Buch in der Hand hält, ausdrücklich einladen möchten – gerät früher oder später auch an äußere und innere Grenzen.

Im Umgang mit Grenzen zeigt sich genau, was einen Menschen ausmacht, was ihn durch seine Begrenzungen lernen und über sie hinauswachsen lässt. Wie auch Grenzen genutzt werden und zum Genuss des Ganzen einen wichtigen Beitrag liefern, stellt sich im Verlaufe des Buches heraus.

Bereits im ersten Kapitel beginnt eine Forschungs- und Erlebnisreise, die jeden einzelnen Menschen in die Lage versetzt, einen wesentlichen Beitrag zu leisten – für sich selbst, die anderen und die ganze Welt in ihren aktuellen Krisen und auch mit ihren unerschöpflichen Chancen. Genau in der Position, in der man sich befindet, kann jede und jeder etwas für sich und die anderen tun.

Diese innere Arbeit weckt Lust und Freude, sie lässt überkommene Lebenshaltungen erkennen und setzt Motivation frei, diese zu überwinden. Sie vermittelt lebendige, unserer heutigen Problematik entsprechende Ansätze für globale, berufliche und lebensnahe Themen.

In den Text des Buches haben wir spezielle Gehirn und Gemüt ansprechende Formulierungen und Übungen eingewoben. Diese eröffnen ein neuartiges Erleben, wie direkt beim Lesen Sprache auf den Körper und die Wahrnehmung wirkt [1]. Dadurch beginnt ein Lernprozess, der das Bewusstsein schärft und sofort konkrete Schritte an entscheidenden Stellen ermöglicht. Sind Sie bereit?

**Die erste Einladung**

Das Herz klopft mir bis zum Hals. Ja, ich spüre ein deutliches Pochen in der Brust, das sich nach oben fortsetzt. Mein Atemrhythmus ist ungewöhnlich schnell und dennoch habe ich das Gefühl, nicht genügend Luft zu bekommen. Soll ich mich zusammennehmen oder meine Aufregung zeigen? Soll ich umdrehen und per SMS absagen oder mich beherrschen, alles cool durchstehen und mit ein paar flotten Sprüchen Eindruck schinden? – »Vertraue mir«, flüstere ich leise vor mich hin, lasse die Schultern los, atme tief in meinen Bauch [2], stoße die Tür auf und trete über die Schwelle.

# 1. Was ist intrinsische Kompetenz?

Intrinsische Kompetenz ist eine grundlegende Fähigkeit; sie bringt die Gesamtpersönlichkeit eines Menschen zum Ausdruck und erleichtert ihm den Einsatz seiner extrinsischen Kenntnisse, die er durch Schule, Ausbildung und Studien erworben hat. Zudem verbessert sie die Aufnahme und Verarbeitung wichtiger Informationen und erhöht die Reaktionsfähigkeit in Situationen, in denen es darauf ankommt.

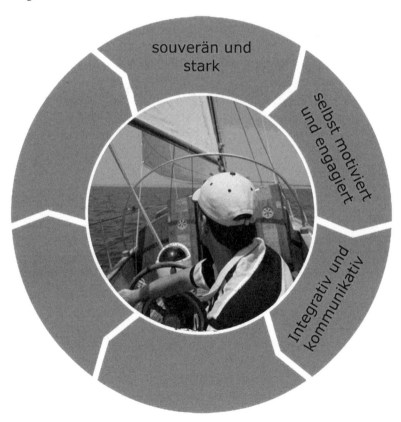

souverän und
stark

selbst motiviert
und engagiert

Integrativ und
kommunikativ

**Menschen mit intrinsischer Kompetenz ...**

... fühlen sich – auch längere Zeiträume hindurch – gut, stark und souverän. Sie erbringen körperlich und geistig optimale Ergebnisse, sie sind emotional belastungs- und genussfähig.

In Ruhephasen können sie loslassen, sie schlafen tief und wachen erholt auf. Sie haben die Fähigkeit, in gelassener Stimmung über sich und ihr

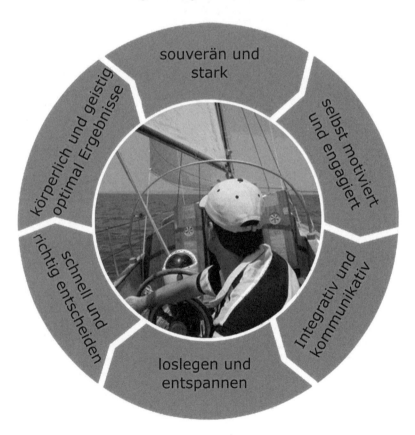

Wirken nachzudenken, Misserfolge zu analysieren, das Ganze in einem größeren Zusammenhang zu betrachten und daraus weitere Schritte zu entwickeln. Mit dieser tragenden Grundhaltung werden auch Krisen mit Gewinn gemeistert.

Mit intrinsischer Kompetenz können schnell richtige Entscheidungen getroffen werden. Wünsche und Meinungen anderer können zum Wohlergehen aller integriert werden. Das Leben wird als Quelle von Lust und Freude empfunden, die zu einem Fluss von Veränderungen und Erfahrungen anwächst. Gespräche sind anregend, folgen dem roten Faden und kommen auf den Punkt. Eine verbesserte Konzentrationsfähigkeit führt zu klaren Ergebnissen; Offenheit und Glaubwürdigkeit schaffen Vertrauen.

Mit intrinsischer Kompetenz lenken Sie ein Boot oder ein Board, genießen die Luft und die Umgebung, kommen gut an und teilen Ihre Erlebnisse locker mit anderen. Oder Sie fahren Ski, schwimmen, laufen oder wippen mit dem Fuß, schreiben, diktieren, leiten, formen, musizieren, haben ein gutes Händchen für Menschen und Situationen, erledigen Ihre Aufgaben freudig und genau, mit umsetzbaren Ideen, mit besten Ergebnissen für sich, Ihren privaten Kreis, Ihr Unternehmen, Ihre Region, Ihr Heimatland, Ihre Welt.

Intrinsische Kompetenz entspricht einer freiheitlich demokratischen Grundordnung und befähigt dazu, diese auch autonom und umfassend auszuüben, indem individuelle und soziale Fähigkeiten gestärkt werden.

**Integration und Individuation**

Die Entwicklung des Menschen beschreibt Carl Gustav Jung [3] als Individuation, als einen Weg, auf dem individuelle Stärken und Schwächen eines Menschen erkannt, gewürdigt und eingebunden werden. Diese

Entwicklung setzt sich ein Leben lang fort. Der Individuationsprozess zielt auf eine Mitte der Persönlichkeit hin, die gleichzeitig auch ihre äußeren Bezirke umschreibt und von höchster Intensität ist. Die Mitte ist das Selbst, der Ursprung und die sich daraus ergebende Lebensgestaltung. Ein Mensch, der diesen Weg geht, erwirbt eine außerordentliche Ausstrahlungskraft.

Der Zweck der Individuation ist es, das Selbst aus den falschen Hüllen der Persona einerseits und aus der Suggestivgewalt unbewusster Bilder andererseits zu befreien. Ein Neurotiker, aber oft auch der »ganz normale« Mensch, versucht, das Leben mit allen seinen Einzelheiten zu denken und »aus-zu-denken«, aber er will es nicht am eigenen Leib erfahren. Er entzieht sich den Unberechenbarkeiten der Existenz, wo er nur kann, und sucht Sicherheit vor den Gefahren, anstatt im Leben möglichst viel zu erleben, anstatt den eigenen Grenzen und dem »Bösen« in sich selbst zu begegnen. Überraschungen werden dann bereits als Gefahren empfunden. Man wünscht sich das Leben einfach, sicher und glatt, darum sind Probleme tabu. Man will Sicherheiten und keine Zweifel, man will Resultate und keine Experimente, ohne dabei zu sehen, dass nur durch Zweifel Sicherheiten und nur durch Experimente Resultate entstehen können.

Solange man sich ausschließlich von äußeren Einflüssen bestimmen lässt und sich anpasst, ist man wie ein loses Blatt im Wind, das hin- und hertaumelt und die Verbindung zum Eigentlichen verloren hat. Bei dem gelben, roten oder braunen Blatt, das der Herbstwind vom Baum trennt, ist dies jedoch ein natürlicher Vorgang. Es wird herumgewirbelt, fällt, zerfällt, löst sich im Boden auf. Der Kreislauf beginnt von neuem, es sprießt, bis nach einiger Zeit die Blüte bevorsteht ...

Bei dem Reifungsweg der Individuation zählen Erfahrungen, die das Leben schreibt, gute und schlechte, beschämende und glanzvolle. Dieser

Mensch befindet sich mitten im Abenteuer des Lebens und Liebens, im Hier und Jetzt, in seiner Sexualität, in seiner Kreativität und Individualität. Vielleicht ist er der strahlende Held oder die Königin, es kann aber auch sein, dass er gerade in Ungnade gefallen ist und im Kerker landet. Das pure Leben, das »Er-leben« jedweder Situation macht die Kraft und die Potenz aus, die dabei zu erlangen sind.

## Langzeitwirkungen intrinsischer Kompetenz

An folgenden konkreten Effekten dürfen sich beide Autoren dankbar erfreuen:

1. Unabhängigkeit von harten und weichen Drogen, von beruhigenden oder aufputschenden Mitteln, von Medikamenten und starken externen Reizen zugunsten einer guten Gesundheit, einer hohen Vitalität; viel Freude, Genuss und jugendliche Ausstrahlung auch bei fortschreitendem Alter. Eine biochemische Erklärung für diesen Effekt liefern die Endorphine: Endorphine sind körpereigene Substanzen, die im gesamten Körper-Geist-System eine regulierende Funktion haben. Durch Entspannung, Hypnose, Meditation, Körperarbeit, geeignete Übungen und Experimente werden diese Endorphine gefördert in einer Art, dass sie sich selbst regulieren und weniger von äußeren Reizen (Drogen, Schokolade, ...) beeinflusst werden wollen.

2. Stabilität, Kreativität und Genialität in der eigenen Arbeit, die sich auch auf Kunden, Klienten und Mitarbeiter überträgt, im Seminar, beim Coaching, im Gespräch.

3. Die gemeinsame Beziehung ist geprägt von gegenseitiger Anregung, von entspannendem Ausgleich, leidenschaftlichen Auseinandersetzungen, Harmonie, Konsequenz und Feingefühl, Stärke und Hingabe, tiefer kör-

perlicher und seelischer Befriedigung, gemeinsamer geistiger Ausrichtung. Dies sind auch die Grundlagen für das gemeinsame Projekt »Intrinsische Kompetenz« mit Buch, CD, DVD, Workshop, Ausbildungsseminaren. Das abenteuerliche Erleben des Tsunamis Ende des Jahres 2004 in der Nähe von Phuket konnte durch intrinsische Kompetenz gemeistert und ohne eigenen Schaden, in tiefer Anteilnahme mit den Opfern und deren Angehörigen überwunden werden.

4. Äußerlich sichtbare Effekte sind das einfühlsam, nach biologischen und harmonikalen Grundsätzen erbaute Haus, sehr gute Abiturabschlüsse (mit Durchschnittsnote 1,0 und 1,6) zweier inzwischen selbstständig durch die Welt gereisten und nun studierender Töchter, Firmen mit verbesserten Ergebnissen, zufriedene Kunden, Klienten mit Aha-Erlebnissen, in optimaler Haltung und mit neuen Impulsen.

**Anregungen**

*1. Besinnen Sie sich auf eine Ihrer individuellen Stärken. Wo in Leben und Beruf kommt Ihnen diese Stärke zugute?*

*2. Würdigen Sie sich in Ihrer Gesamtpersönlichkeit, indem Sie sich nun auch an eine individuelle Schwäche oder ein Defizit erinnern.*

*3. Wie könnte dieser Teil von Ihnen doch ein wenig akzeptiert oder gar nutzbar ins Ganze eingebunden werden?*

*4. Finden Sie ein Wort, mit dem sich die ursprüngliche Schwäche in ihrer positiven Auswirkung beschreiben lässt. Beispiele: Geschwätzigkeit -> Ausdrucksfähigkeit; Kontaktarmut -> »Stille Wasser sind tief.«*

## Was konkret umfasst intrinsische Kompetenz?

Das Entfalten ...

... von ureigenen Potentialen

... eines hohen Energieniveaus

... einer ausgeprägten Fühlfähigkeit

... eines erweiterten Bewusstseins

**Der Mensch**

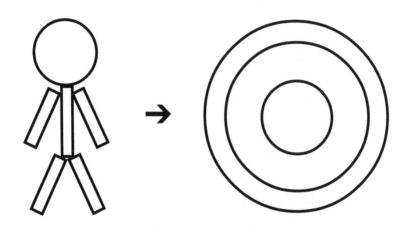

Stellen wir uns den Menschen symbolhaft vor als einen Kreis mit drei Ebenen[(4)].

Das, was wir im Außen sehen, ist die äußere Ebene, die Persönlichkeit. Mit dieser äußeren Ebene nimmt der Mensch Kontakt auf mit anderen Menschen, er zeigt sich seinem Umfeld entsprechend, bewegt sich und passt sich so an, wie es die Gesellschaft von außen erwartet.

Er zeigt somit nach außen hin eine so genannte »Maske«, die ihm eine spezielle Note, ein Image gibt, mit der er sein wahres Gesicht verbergen und schützen kann. Wenn eine Närrin in der Faschingszeit eine Maske aufsetzt, dann hilft ihr diese dabei, dem Bürgermeister die Krawatte abzuschneiden und die eigene Meinung durch die Maske hindurchtönen zu lassen. Niemand erkennt sie hinter der Maske, und wenn das ihr und anderen Spaß bereitet, dann hat sie ihren Zweck erfüllt.

Das bedeutet also: Das, was wir von außen sehen, ist die Bekleidung, das erlernte Verhalten, die »Persona«. »Persona« kommt von dem lateinischen Wort »personare«, das heißt »hindurchtönen«. Wie beim Shopping können wir herausfinden, ob das, was einen Menschen ausmacht, vorteilhaft durch die gewählten Kleidungsstücke unterstützt wird, durch sie hindurchtönt oder »abtörnt«.

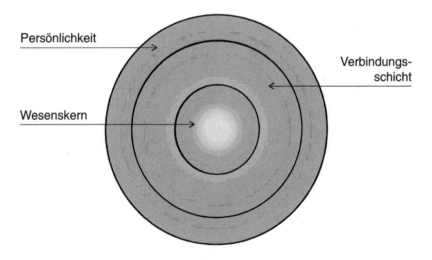

Im tiefsten Inneren des Menschen befindet sich der Wesenskern. Dieses innere Ich ist das wahre Ich, manchmal wird es auch das Selbst genannt.

Wir sagen: »Ich selbst mag Schokoladeneis«, wenn wir damit ausdrücken wollen, was wir uns selbst wünschen, und nicht, was jemand anderes uns empfiehlt oder dass es für die Figur gut wäre, gar kein Eis zu essen.

Im Wesenskern ist alles vorhanden, was im Menschen als ursprüngliches Potential angelegt ist: Urkräfte, Triebe, natürliche Fähigkeiten, Eigenarten, Talente, Vorlieben, Wünsche, Sehnsüchte. In diesem tiefsten Innern ist das Wissen vorhanden um den individuellen persönlichen Weg und die Lebensaufgaben. Im Kern herrscht Klarheit darüber, was für den gesamten Menschen attraktiv ist, was für ihn »stimmt«.

Zwischen dem äußeren Kleid und dem inneren Kern befindet sich eine weitere Ebene, die mittlere Schicht oder Verbindungsschicht.

Die mittlere Schicht verbindet Wesenskern und äußere Persönlichkeit, indem sie die Übertragung von innen nach außen und von außen nach innen spontan oder gefiltert zulässt, puffert, organisiert – mit Einbeziehung eventueller Hindernisse – oder abtrennt. Dabei geht es darum, wie tiefste Wünsche erkannt, ausgelebt und verwirklicht werden. Oder, von außen nach innen, könnte es sich darum handeln, wie dieser Mensch Aufgaben und äußere Anforderungen auffasst und umsetzt, sich anregen lässt, ob er mit Leib und Seele dabei ist oder bei dem, was er tun muss, sich quasi die Nase zuhält.

Es kann vorkommen, dass die äußere Persona etwas anderes bevorzugt als das, was für das innere Wesen stimmt, zum Beispiel: Die pure Lust an viel Schokoladeneis scheint dem Ideal einer guten Figur zu widersprechen. Dann wird die mittlere Schicht als Filter, Puffer, als Abwehr oder fester Schutz benötigt. Wenn es zur Gewohnheit wird, der Schokolade zu frönen auf Kosten einer guten Figur oder gar der Leistungsfähigkeit, muss die mittlere Schicht fester und dichter werden, um die wahrscheinlich vernünftigen, aber den Genuss störenden Einwände der äußeren Schicht abzuwehren. Auch andersherum verfestigt sich die mittlere Schicht als Denkblockade, als steifer Nacken oder Rückenschmerz, wenn innere Impulse und Wünsche nicht irgendwie integriert werden. Dann dominieren logische Gründe, Ordnung und Askese.

In beiden Fällen gewinnt nur eine Schicht, die innere oder die äußere, auf Kosten der anderen, die dann mithilfe der mittleren Schicht zurückgedrängt werden muss. Damit sind zwar schnelle Gewinne erzielbar, doch das Ganze wird geschwächt, wenn diese einseitige Haltung sich einfleischt. Im Kapitel 4 werden derartige Gewohnheiten beschrieben, mit denen Menschen ihre Ganzheit und Integrität verraten.

*Wenn aber Außen und Innen mithilfe einer übertragungsfähigen mittleren Schicht zusammenwirken, erlebt dieser Mensch ein Optimum an Lust und Lebensfreude, verbunden mit Sinnhaftigkeit und dauerhaften Erfolgen.*

Die drei Schichten können also aufeinander abgestimmt werden. Dies macht sich als aufbauender Einfluss in verschiedenen Lebensbereichen bemerkbar, die wir uns jetzt in ganzheitlichem Zusammenhang anschauen. Im weiteren Verlauf wird sich herausstellen, wie Atem, Gefühle, Körperkräfte und Bewusstsein miteinander zusammenhängen, was ihr freies Zusammenspiel hemmt oder fördert.

## Das Zusammenspiel von Wahrnehmung, Bewusstsein und Energieniveau

### 1. Bewusstsein

Zu den Anlagen eines befreiten Bewusstseins zählen wir Reflexionsfähigkeit und die Fähigkeit, Themen aus einer größeren Übersicht heraus im globalen Zusammenhang zu betrachten. Dazu gehören auch kreative Mög-

# Das Zusammenspiel
## von Wahrnehmung, Bewusstsein und Energieniveau

**Bewusstsein:**
Übersicht
Kreativität
Reflexionsfähigkeit
Integrationsfähigkeit
Entscheidungsfähigkeit

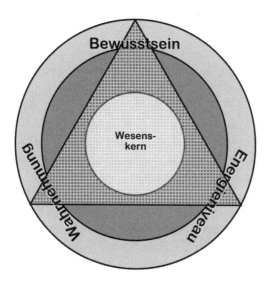

**Wahrnehmung:**
Wahrnehmung von
eigenen Empfindungen
und den Gefühlen anderer;
den Emotionen Raum geben;
Gefühle integrieren und nutzen

**Energieniveau:**
Präsenz
Stabilität und Ausdauer
Spontanität und Schnelligkeit
körperlich-seelisch-geistige
Leistungsfähigkeit

lichkeiten, Entscheidungsfähigkeit und Integrationsfähigkeit. Das Bewusstsein kann zwischen verschiedenen »Betriebsarten« hin- und herwechseln und dabei unterschiedlichen Denkweisen folgen, wie dem visionären Denken, dem linearen oder zielgerichteten Denken und dem systemischen Denken.

Meistens fahren im Gehirn diejenigen Zentren automatisch hoch, die für eine entsprechende Thematik erforderlich zu sein scheinen. Ob das zum besten Ergebnis führt, erfahren Sie in den Kapiteln 5 und 8.

## 2. Wahrnehmung

Eine gute Wahrnehmungsfähigkeit setzt voraus, empfinden zu können. Dann werden eigene Gefühle erkannt und bekommen den Raum, den sie benötigen, um die ihnen innewohnende Kraft zu entfalten. Mit dieser Fähigkeit des Empfindens kann man auch andere fühlen und deren Emotionen erkennen. Wer es lernt, eigene und fremde Gefühle anzunehmen, erwirbt sich damit die Voraussetzung, emotionale Situationen zu meistern und das Beste daraus zu machen.

Ein Mensch mit ausgeprägter Wahrnehmungsfähigkeit ist in der Lage, auf eine leichte und doch intensive Art mit anderen in Kontakt zu sein. Er spürt die Bedürfnisse oder Erfordernisse anderer Menschen und Situationen, da er durch das »Bei-sich-selbst-im-Fühlen-Sein« Antennen entwickelt hat, die ihm selbst, den anderen und dem gesamten Umfeld nützlich sind. Somit kann dieser Mensch produktiv mit Konflikten umgehen, die sowohl ihn selbst und seine Beziehungen als auch ein Team oder eine ganze Gruppe von Menschen betreffen (Kapitel 6, 7 und 8).

## 3. Energieniveau

Mit einem hohen Energieniveau baut sich im Körper eine Spannkraft auf, die sowohl Spontanität als auch Ausdauer bewirkt. Ein hohes Energieniveau sorgt dafür, dass im gesamten Körper und auf der geistigen Denkebene eine gute Reaktionsfähigkeit ausgebildet ist, die mit einer spürbaren Präsenz und Stabilität einhergeht. Ein hohes Energieniveau versetzt diesen Menschen in eine optimale körperliche, seelische und geistige Verfassung. Wie das Energieniveau angehoben wird, erfahren Sie in Kapitel 5.

Dieses Zusammenspiel von körperlichem Befinden, Wahrnehmungs-fähigkeit und Bewusstsein wird zum Beispiel genutzt, wenn in einer Konferenzpause für frische Luft, Bewegung, wert- und geschmackvolle Nahrung gesorgt ist, damit es nachher konzentriert weitergehen kann. Oder ist Ihnen schon mal aufgefallen, wie Menschen unter Anstrengung und Stress unscheinbar werden, wie sie flacher atmen, schneller essen, unwirsch sind und öfter den Kürzeren ziehen?

### Zusammenfassung:

*Menschen mit intrinsischer Kompetenz ...*
*... meistern effektiv und genussvoll ihre Aufgaben*
*... sind stark und souverän*
*... befinden sich in harmonischem Einklang mit sich selbst und anderen*
*... verfügen über innere Sicherheit, Kraft und eine Ausstrahlung, die Tür und Tor öffnet*
*... entscheiden weitsichtig und stimmig*
*... verfolgen konsequent ihre Ziele*
*... erbringen nachhaltig gute Ergebnisse*

**Erstes Experiment**
**zum Erkunden eigener intrinsischer Kompetenz[1]**

*Wenn Sie mögen, besinnen Sie sich, während Sie weiterlesen, auf sich selbst und stellen sich vor, einer sportlichen oder feinsinnigen Betätigung zu folgen, die Ihnen in irgendeiner Weise Freude bereitet und leicht fällt: Vielleicht surfen Sie, fahren Ski, steuern ein Boot oder ein Flugzeug, wippen mit dem Fuß, gehen oder laufen in einer mühelosen Art, vielleicht stricken oder entwerfen Sie etwas und bewegen sich dabei in einer für Sie angenehmen Weise.*

*Vielleicht pendeln Sie jetzt auch nur ein wenig mit dem Kopf hin und her, in einer Weise, in der Sie weiterlesen können.*
*Welche Bewegung wählen Sie?*

*Das Gehirn hat die Möglichkeit, Bewegungen zu denken und diese seinen Eigner wie in einem Traum so echt erleben zu lassen, als ob er sie tatsächlich machen würde. Sie können jetzt also Ihre gewählte Bewegung innerlich empfinden, ohne sie tatsächlich zu machen, und doch real ein wenig mit dem Kopf hin- und herpendeln, um dieses Experiment auch an die körperlichen Sinne anzudocken. Wenn Ihnen gerade keine visionäre Bewegung eingefallen ist, können Sie das Experiment genauso durchführen, indem Sie einfach nur mit dem Kopf etwas hin- und herpendeln – so langsam, dass Sie bequem weiterlesen können.*

*Ist es möglich, in Ihrer Bewegung sich selbst zu spüren, eine Leichtigkeit und Selbstverständlichkeit des Bewegungsablaufes wahrzunehmen? Achten Sie darauf, wie Sie sich bewegen, wie Beine, Oberkörper, Arme, Hals und Kopf in die Bewegung mit einbezogen sind. Können Sie den Atem wahrnehmen?*

*Atmen Sie genießerisch und voll, als ob es möglich wäre, die Bewegung des Atems im ganzen Körper zu spüren. Atmen Sie ein und aus, ein und aus.*

*Bitte achten Sie nun auch wieder auf Ihre imaginäre Tätigkeit und auf Ihre tatsächliche Bewegung, z.b. auf das langsame Kopfpendeln. Doch atmen Sie auch weiter, genießerisch und voll, und nehmen Sie Bereiche im Körper wahr, die sich tatsächlich beim Atmen bewegen: Brust, Bauch, Teile des Oberkörpers, vielleicht können Sie den Oberkörper auch als Ganzes wahrnehmen, wie er da ist und in gewisser Weise mitwirkt.*

*Während Sie weiterlesen, könnten auch noch andere Körperpartien dazukommen, bewegte und unbewegte und dann auch Hals und Kopf, die Schultern, die Arme und Hände in dieser speziellen Haltung, die Sie gerade einnehmen. Je nach der Verfassung, in der Sie gerade sind, ist Ihre körperlich-sinnliche Wahrnehmung weniger oder mehr aktiviert; Sie können noch mehr mit Gefühl darin eintauchen oder dem weiteren Experiment mit Vorstellungen und Gedanken folgen. Achten Sie in allen Fällen weiter auf den Atem und lassen Sie die Bewegung irgendwie weitergehen, hin und her oder so, wie es Ihnen entspricht.*

*Gibt es irgendwo einen Mittelpunkt Ihrer Bewegung, eine Steuerzentrale, ein Zentrum? Beim Hin- und Herpendeln mit dem Kopf geht das vielleicht vom Hals aus, wenn Sie imaginär ein Fahrzeug steuern, machen Sie das wahrscheinlich mit den Armen, ebenso, wenn Sie stricken. Beim Surfen und Skifahren liegt der Schwerpunkt eventuell tiefer im Körper.*

*Bleiben Sie bitte bei der Bewegung, in der Bewegung, atmen Sie bewusst weiter und versuchen Sie jetzt vorsichtig, während es sich weiter bewegt, den Mittelpunkt der Bewegung, den Schwerpunkt im Körper etwas nach unten zu verlagern. Ja, lassen Sie das Zentrum Ihrer Bewegung langsam nach unten sinken, während Ihre Bewegung weitergeht.*

*Vielleicht verändert sich Ihre Bewegung etwas, während Sie Ihren Schwerpunkt nach unten verlagern, vielleicht verändert sich Ihr Gefühl dazu oder Ihre Körperwahrnehmung? Wenn bei einem Fahrzeug der Schwerpunkt tiefer gelegt wird, fährt es normalerweise ruhiger, sicherer, kraftvoller, und es kommt besser durch die Kurven. Auch bei einem Menschen werden seine Bewegungen runder und voller, wenn sie effektiv aus ihrem eigentlichen Bewegungsmittelpunkt herauskommen.*

*Je weiter Sie nach unten verlagern, umso leichter wird es auch, den Bauch und einzelne Bereiche des Beckens wahrzunehmen und ins Gefühl für das Ganze mit hineinzunehmen, dazu können dann auch die Beine kommen, die Oberschenkel, Knie, Unterschenkel und Füße.*

*Sind Sie noch in Bewegung? Bitte machen Sie noch etwas weiter und achten Sie darauf, was sich bei Ihnen während des Bewegens und Atmens verändert, wenn Sie sich so als Ganzes spüren, in dem der Schwerpunkt nach unten verlagert wird. Wenn es Ihnen möglich ist, verlagern Sie den Mittelpunkt Ihrer Bewegung sogar in den unteren Teil Ihres Bauches, in die Mitte zwischen den Hüften und auch in die Mitte zwischen vorne und hinten. Wenn Sie nicht so weit herunterkommen, machen Sie es einfach so, wie es Ihnen gerade möglich ist. Das ist für dieses Experiment völlig ausreichend.*

*Wie ist das, wenn die Bewegung von hier aus geht? Ist Ihre Bewegung vielleicht etwas ausladender und geräumiger, vielleicht geht sie leichter, mehr »von selbst«?*

*Und Sie? Wie geht es Ihnen? Vielleicht sind Sie nun etwas lockerer und entspannter, vielleicht geht es Ihnen wie den meisten Menschen, die sich auf dieses Experiment einlassen, und Sie sind in irgendeiner Weise etwas mehr zu sich gekommen, zu sich selbst.*

*Wenn Sie es weiter genießen möchten, bleiben Sie noch eine Weile in Ihrer Bewegung, in Ihrem Atem und bei sich selbst.*

*Bevor Sie das Experiment fortsetzen, spüren Sie bitte wieder einmal in sich hinein und achten darauf, wie es Ihnen geht, körperlich, emotional, geistig. Sind Sie irgendwo, irgendwie lockerer, entspannter, aber auch wärmer und kraftvoller? Nur minimal oder deutlich? Vielleicht kommt Ihnen nun der Hauch einer Idee, wie intrinsische Kompetenz entsteht und wie sich das anfühlen wird, wenn sie sich in Ihnen ausdehnt.*

*Was bedeutet es für Ihren Beruf und Ihre wichtigsten Anliegen, wenn Sie in dieser bewegten Haltung bleiben, in sich ruhend, bei sich, und doch agil, flexibel, kraftvoll, schnell und klar?*

*Schauen Sie sich jetzt selbst dabei zu, wie Sie intrinsisch kompetent Ihre wichtigsten Tätigkeiten ausüben, wie Sie arbeiten, reden, zuhören, schreiben, lesen. Achten Sie dabei weiter auch auf Ihren Atem und Ihren Schwerpunkt. Gehen Sie auch mit der Bewegung mit, doch bleiben Sie bei sich, in sich selbst.*

*Sie können einen Teil Ihrer Aufmerksamkeit weiterhin darauf verwenden, körperlich, sich bewegend und atmend bei sich selbst zu sein, während Sie sich mit einem anderen Teil Ihrer Aufmerksamkeit auf Ihre äußere Tätigkeit konzentrieren. Während Sie in sich sind, können Sie gleichzeitig agieren und reagieren, Sie nehmen Geschehnisse auf, geben Impulse, machen einen Schritt nach dem anderen, vielleicht auch einen Sprung oder mehrere Sprünge.*

*Welche neuen Möglichkeiten eröffnen sich für Ihr Leben, wenn Sie intrinsisch kompetent sind? Beim Sport werden Sie vielleicht ruhiger, leichter und leistungsfähiger. Wenn Sie musizieren, erleben Sie den Klang wahrscheinlich intensiver und werden gleichzeitig präziser und ausdrucksvoller.*

*Mit anderen Menschen sind Sie nun klar, konsequent, verständnisvoll und herzlich zugleich. Nehmen Sie nun einen bestimmten Bereich Ihres Lebens und stellen Sie sich so konkret wie möglich und in den schönsten Farben vor, was sich verbessert.*

Wenn es Ihnen möglich war, dieses gesamte Experiment intrinsisch und dadurch mit Erfolg durchzuführen, dann ist es jetzt vielleicht an der Zeit, sich eine Pause zu gönnen, sich über förderliche Erfahrungen zu freuen und positiven Einsichten Raum zu geben.

Falls das Experiment spurlos an Ihnen vorbeigegangen ist, könnten Sie es vertiefen, indem Sie sich den Text vorlesen lassen oder das entsprechende Stück von der DVD anhören. Vielleicht finden Sie auch in folgenden Kapiteln dieses Buches eine Spur.

Nach diesem ersten Versuch werfen wir zum Kontrast einen Blick auf eine Welt ohne intrinsische Kompetenz und schauen uns an, wie etliche Menschen die guten und schlechten Zeiten ihres Lebens mit einer Art innerer Bewertung hinnehmen, die ihre Lebenskraft letztendlich verringert.

# In guten Zeiten

In so genannten guten Zeiten, immer dann, wenn alles glatt läuft, wenn die Dinge sich so ergeben, wie man sie sich bewusst oder auch unbewusst wünscht, wenn Beziehungen ohne Reibung glücken, wenn der Urlaub ein Hit ist und die Sonne scheint, immer dann scheint alles gut zu sein. Körper, Fühlen und Gedanken scheinen gut zu funktionieren, man wähnt sich auf der Höhe des Lebens und im Glück. Die innere Kommunikation aus dem Wesenskern heraus scheint durch alle Schichten hindurch mit der äußeren Realität in guter Verbindung und Übereinstimmung zu sein. Man könnte sagen, der Mensch fühlt sich leicht, im Fluss, vielleicht fühlt er sich erfolgreich, bestätigt und wertgeschätzt. Innen und Außen scheinen idealerweise in Übereinstimmung zu sein, wie zu Beginn des Romans: »Morgens um sieben ist die Welt noch in Ordnung«[(5)].

# In schlechten Zeiten

Die so genannten schlechten Zeiten sind nur dann schlecht, wenn nicht eintrifft, was den eigenen Vorstellungen entspricht und innere Widerstände gegen diese ungeliebte Realität aufkommen. Diese Widerstände gegen Personen, Situationen, Umstände, sogar gegen eigene Empfindungen zetteln einen tragischen inneren Kampf an. Wer will schon negative Gefühle fühlen? Da der Umgang mit dieser Art von Empfindungen nicht erlernt wurde, werden sie oft unterdrückt, obwohl sie gemeistert werden könnten.

Ein Streit mit dem Partner wird nicht soweit ausdiskutiert, dass man sich auf einer bestimmten Ebene wieder einig wird, sondern wird vielleicht einfach beendet und man spricht eben nicht mehr darüber. Ein Mitarbeiter macht häufiger Fehler, die vom Vorgesetzten nicht sofort thematisiert werden, obwohl er sich darüber ärgert. Er schiebt diesen Ärger zur Seite, anstatt seine Erwartungshaltungen zu nennen oder entsprechende Vereinbarungen zu treffen. Warum? Weil es unangenehm zu sein scheint, jemandem etwas Unangenehmes zu sagen. Somit werden unangenehme Gefühle ignoriert, beiseite gedrängt, heruntergespielt, verschleiert und vergessen.

Unsere Fühlfähigkeit, unser tieferes Bewusstsein, unsere Verbindungsschicht vergisst jedoch nicht. Jedes dieser unangenehmen Gefühle, welches zur Seite gedrängt wurde, ist nach wie vor in dieser Verbindungsschicht als Information präsent. Da diese Erfahrungen permanent unterdrückt und nicht zugelassen werden, akkumulieren sich diese und beginnen Blockaden zu bilden. Mit jeder weiteren nicht ausgesprochenen negativen Emotion verdichtet sich die Verbindungsschicht und das Energieniveau sinkt, da unbewusst sehr viel Energie notwendig ist, diese unerledigten emotionalen Themen »unter Wasser« zu halten.

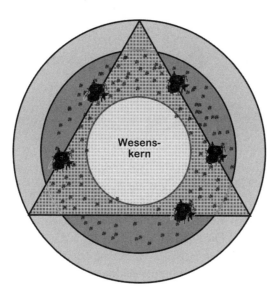

Man kann das vergleichen mit einem Ball, den man mit der einen Hand krampfhaft unter Wasser zu halten versucht, während die andere Hand normale Aufgaben erledigen soll. Stellen Sie sich vor, welcher nervenaufreibende und kräftezehrende Aufwand dazu nötig ist.

Wenn dann etwa bei der Arbeit eine gute, zündende Idee kommt, kann diese Idee so stark und kraftvoll sein, dass sie viele dieser innersten Blockaden durchbricht.

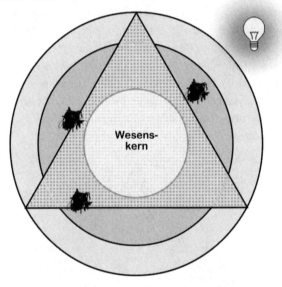

Doch möglicherweise sitzen tiefe Verletzungen oder negative Erfahrungen so fest im Unbewussten, dass die Begeisterung der neuen Idee nicht durchdringt. Diese Idee ist toll, sie kommt aus tiefster Intuition und trifft den Nagel auf den Kopf! Doch dieser Nagel rührt sich nicht, der Erfolg stellt sich nicht ein. Die Kraft ist weg und auch der Mut fehlt, es nochmals zu versuchen. Vielleicht ist da die Angst vor negativen Erfahrungen, weil man sich schon mal auf den Finger geklopft hat, vielleicht ist man schon erschöpft. Vielleicht bleibt dann nur noch der Satz in Erinnerung: »Schön wäre, wenn ...«

In solchen Situationen ist es also dem innersten Wesenskern nicht möglich, seine Kraft zu entfalten und mit der Außenwelt zu kommunizieren, sondern er wird eingeschränkt. Unter Umständen wird dies gar nicht mehr wahrgenommen oder verstanden, wie in einem Traum, in dem man gehen möchte, aber die Füße nicht bewegen kann.

**Das Ego**

Versuchen wir, am Beispiel einer berühmten Persönlichkeit nachzuvollziehen, wie ein Ego funktioniert. Nehmen wir einen Tennisspieler, der aus seinem Innersten heraus ein wahres Talent ist und dieses fördert und pflegt. Mit dieser Aufmerksamkeit meistert er großartige Spiele und wird so zu einem Star. Ab diesem Moment kommen extreme Außeneinflüsse auf ihn zu, die für alle Schichten eine außerordentliche Herausforderung bedeuten.

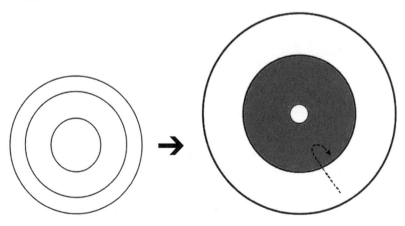

Die Gefahr ist groß, dass durch Medienrummel und astronomische Gagen diese Persönlichkeit im Außen etwas anderes zeigt, als es ihrem innersten Wesenskern entspricht.

Der Medienrummel und die Skandale nehmen zu. Das Ego, also die äußere Persönlichkeit wird »breiter«, bläht sich auf, und die mittlere Schicht wird fest (Starallüren). Der Wesenskern jedoch, das innere Wahre, mit dessen Talent die Karriere begann, wird zurückgedrängt und kleiner (siehe Bild auf Seite 33); vielleicht versucht man mit Anstrengung, Macht und Geld, die Position zu bewahren.

Doch auch jede(r) von uns ist dieser Gefahr ausgesetzt, den Kontakt zum Eigentlichen zu verlieren, etwa durch zuviel, unpassende oder zuwenig Anerkennung, unsinnige Zielsetzungen, unangemessenes Essen und Trinken, nicht ausgedrückte oder übertriebene Gefühle, zu wenig oder zuviel Körperkultur.

Das Ego steht für eine übermäßige Identifizierung mit bestimmten weltlichen Angelegenheiten, in einer Art Missverständnis, wie grundlegende menschliche Bedürfnisse gestillt werden können. In diesem Missverständnis bläht es sich auf, degeneriert oder wird starr.

Wenn wir dem berühmte Zitat aus Goethes Faust: »Zwei Seelen wohnen, ach! in meiner Brust, …« ein paar Zeilen weiter folgen, können wir erkennen, wie dieses Missverständnis beginnt und die Trennung von Außen und Innen bewirkt:

»*FAUST: Zwei Seelen wohnen, ach! in meiner Brust,*
*Die eine will sich von der andern trennen;*
*Die eine hält, in derber Liebeslust,*
*Sich an die Welt, mit klammernden Organen;*
*Die andre hebt gewaltsam sich vom Dust [Staub, Dunst]*

*Zu den Gefilden hoher Ahnen.*

*O gibt es Geister in der Luft,*
*Die zwischen Erd und Himmel herrschend weben,*
*So steiget nieder aus dem goldnen Duft*
*Und führt mich weg, zu neuem buntem Leben!«*

Wir können das so verstehen, dass Dr. Faustus seinem Sehnen (»ach! …«)
nach »neuem bunten Leben« mit Hilfe des daraufhin sofort erscheinen-
den Geistes nachkommt und einer Spaltung seiner Persönlichkeit zu-
stimmt, indem er seine Seele verkauft. Damit erwirbt er sich Genuss und
Wissen (»Was die Welt im Innersten zusammenhält«), muss dies jedoch
mit dem Verlust seiner Integrität bezahlen. Er folgt dem Impuls seines
Egos, was ihm später Unglück und ihn sogar ins Gefängnis bringt.

In Kapitel 4 gehen wir auf diese Missverständnisse oder Abwehrmuster
näher ein. Dabei verdeutlicht sich, wie verführerisch und wie raffiniert
deren Fallstricke getarnt sein können.

Um intrinsisch kompetent zu sein, benötigen wir eine offene, flexible
und kraftvolle Persönlichkeit, die sich immer oder so oft wie möglich in
fließendem Kontakt mit ihrem Wesenskern und der daraus entströmen-
den Energie befindet [6] [7]. Zudem hat es weit reichende Konsequenzen,
wenn wir in der Lage sind, die Verantwortung für trennende oder ganzheitliche Vorgänge selbst zu tragen.

Im nächsten Experiment werden die drei Ebenen von Persönlichkeit,
Wesenskern und Verbindungsschicht deutlicher, und Sie nehmen wahr,
was sie voneinander unterscheidet. Damit werden manche Verhaltens-
weisen besser verstanden. Und Sie erkennen, ob jemand die Wahrheit
sagt oder sich anpasst, ob er oder sie aus einer Laune, einem Widerstand
heraus reagiert oder mit Gott und der Welt im Einklang handelt und
authentisch ist.

**Zweites Experiment:**

*Können Sie sich an zwei Ereignisse in Ihrem Leben erinnern, in denen Sie sich unterschiedlich verhalten haben?*

*Zwei Geschichten aus Martins Vergangenheit mögen Ihnen solche verschiedenartigen Reaktionen nahe bringen:*

1. Spät abends auf der Autobahn nähere ich mich mit 190 km/h einer Limousine vor mir auf der linken Spur, die ca. 180km/h drauf hat und deren Fahrer auch auf wiederholte Aufforderung mit Blinker, Fernlicht und Hupe nicht rechts einschert, obwohl dort völlig frei ist. Drei weitere Überholwillige reihen sich hinter mir ein. Spannung kommt auf. Nach mehreren Kilometern »Verfolgungsjagd« wechselt der vordere Fahrer endlich auf die rechte Spur, ich kann überholen. Doch jetzt erscheint eine Geschwindigkeitsbegrenzung auf 120 km/h, ich wechsle knapp vor der Limousine auch nach rechts und bremse – »korrekt« – direkt vor ihr auf 120 km/h. Der Fahrer hinter mir muss stark bremsen, er hupt und blendet wie verrückt auf und ab. Ich spüre eine Mischung von Wut, Trotz und Recht-haben-Wollen, die mich in den Fahrersitz hineinpresst und im Rücken steif werden lässt.

2. In der heißen Phase der Scheidung meiner ersten Ehe begegne ich zufällig am Sonntagnachmittag in Stuttgart, im mittleren Schlossgarten, meiner Frau. Da ich sie schon von Weitem sehe, könnte ich umkehren, einen anderen Weg gehen oder mich wappnen, sozusagen meine Stacheln aufstellen. Doch spontan gehe ich auf sie zu, nehme sie in den Arm und sage ihr, dass wir beide doch auch Schönes erlebt haben. Da bricht sie in Tränen aus, ich fühle mich plötzlich auch weich und offen. Wir drücken uns ein letztes Mal aneinander, um dann unserer Wege zu gehen.

*Anhand dieser Beispiele könnten Sie sich nun an zwei ähnliche oder auch ganz anders gelagerte Situationen aus Ihrem Leben erinnern, in denen Sie auf unterschiedliche Weisen reagiert haben. Wenn Ihnen nur eine Situation einfällt, in der Sie in einer für Sie typischen Art agiert oder reagiert haben, dann erfinden Sie doch einfach eine andere dazu, in der Sie sich irgendwie anders verhalten.*

*Vielleicht ist es auch einfacher, wenn Sie sich für dieses Experiment eine andere, Ihnen nahe stehende Person vorstellen. Vergleichen Sie doch mal, wie diese zu Hause mit ihrer Mutter spricht, und dann, wie sich die gleiche Person bei einem Vorgesetzten verhält. Sie können auch andere Situationen auswählen, in denen Ihre Versuchsperson sich mal so und dann mal so zeigt.*

*Wenn Sie zwei unterschiedliche Verhaltensarten bei sich oder bei jemand anderem gefunden haben, können Sie sich nun auf Folgendes fokussieren:*

*Aus der obersten Schicht (Persönlichkeit) kommt gelerntes, angepasstes, in der Regel vernünftiges, manchmal langweiliges Verhalten. Aus der innersten Schicht (Wesenskern) stammen spontane, ungefilterte, manchmal naive Äußerungen. Aus der mittleren Schicht (Verbindungsschicht) kommen verklemmte, angestaut ausbrechende, leidende, rebellische oder verbindende Ausdrücke.*

*Bitte nehmen Sie sich ein wenig Zeit, damit Sie diese zwei verschiedenen Erlebnisse »kontemplieren« und sortieren können.*

*Die folgenden Impulse und Fragen schaffen zusätzlich Klarheit darüber, aus welcher der drei Schichten die jeweiligen Aktionen oder Reaktionen kommen:*

*1) Welche Eigenschaften hat der Persönlichkeitsanteil Ihrer ersten Erin-
nerung, und welche Eigenschaften hat der zweite Anteil?* Im obigen ersten
Beispiel von Martin ist dies ein aggressiver, belehrender Anteil und im
zweiten Beispiel ein zuerst spontaner, dann weicher, liebevoller Anteil. Ihre
gefundenen Anteile könnten ähnliche oder andere Eigenschaften besitzen.

*2) Finden Sie nun zwei unterschiedliche Körperhaltungen, die zu diesen
Anteilen passen, zum Beispiel schimpfend am Lenkrad und dann in einer
Umarmung.*

*3) Nehmen Sie diese Körperhaltungen hintereinander ein, um in die ver-
schiedenen Persönlichkeitsanteile hineinzuspüren und diese zu erforschen.*
Auch wenn Sie eine andere Person ausgesucht haben, imitieren Sie jetzt
bitte deren zwei unterschiedlichen Körperhaltungen. Bleiben Sie abwechselnd für einige Augenblicke in diesen Haltungen und vergleichen Sie diese miteinander wie zwei interessante Kunstwerke.

*4) Können Sie dem zustimmen, dass es unterschiedliche Anteile gibt, mit
verschiedenen Aktionen und Reaktionen?*

*5) Mögen Sie nun diese unterschiedlichen Anteile mit deren Eigenschaf-
ten, Aktionen und Reaktionen, den drei Schichten zuordnen?* Ein durch
Überanpassung oder Peinlichkeit ausgezeichnetes Verhalten gehört zur
äußeren Schicht; heftige Gefühle oder zurückgehaltene Reaktionen gehören zur mittleren Schicht; spontane Aktionen und kindliche Äußerungen
zum Kern. Eventuell sind in einem der Erlebnisse auch zwei oder gar alle
drei Schichten beteiligt, das könnte dann ein Zustand von Ganzheit und
intrinsischer Kompetenz sein.

*Bei einer Feier landet die Mousse au Chocolat auf einem hellen Ge-
wand. Der oder die Betroffene hätte nun Anlass zu erschrecken oder
wütend zu werden. Doch ein Mensch mit intrinsischer Kompetenz kriegt
wahrscheinlich die Kurve. Es gibt weder eine Schockstarre, noch gibt
es ein Wutgeheul. Dieser Mensch drückt vermutlich Überraschung oder
Erregung aus, in einer coolen, eventuell witzigen Art, die ein befreien-
des, sympathisches Gelächter aller Beteiligten auslöst. Dann wird ein
naheliegender Weg zur Schadensbehebung eingeschlagen. Vielleicht
wird »zufällig« der geschäftliche Auftrag am nächsten Morgen zu seinen Gunsten erteilt ...*

*Von dem Psychologen Carl Gustav Jung* [3] *wird berichtet, dass er bei
einem Fest mit einem zusammengeknoteten Taschentuch, das herum-
geworfen wurde, die Teilnehmer so in Bewegung und Verwicklungen
versetzte, dass sich manche lachend am Boden wälzten. Er wollte einfach verhindern, dass der ganze Abend von gespreizten Förmlichkei-
ten dominiert wurde, weil ihm dies ein Gräuel war.*

*6) Fällt Ihnen zu diesen letzten Beispielen ein Ereignis ein, in dem Sie
oder andere Personen intrinsisch kompetent waren? Es könnte sich dabei
um eine Situation handeln, die zunächst übermäßig harmonisch, dann jedoch überraschend, peinlich oder spannungsgeladen ist. Und irgendwie
schaffen Sie es, in Ihrer Situation sowohl sich selbst als auch der Umwelt
gerecht zu werden.*

*7) Wodurch kann der Kontakt zwischen äußerem und innerem Anteil ver-
loren gehen (wie bei Faust, als er seine Seele verkauft)?*

*8) Übernehmen Sie jetzt Verantwortung dafür, an diesem Kontaktverlust
beteiligt zu sein, ihn sogar direkt oder indirekt bewirkt zu haben (»zwei
Seelen, ach!, in meiner Brust«)?*

*Wenn Sie derjenige sind, der die Trennung bewirkt, können Sie auch derjenige sein, der Ihre ureigene Ganzheit wieder herstellt (wie am Ende von Faust).*

*9) Und jetzt stellen Sie sich bitte vor, wie es aussieht, wie es klingt und wie es sich anfühlt, wenn Sie selbst im Vollbesitz Ihrer intrinsischen Kompetenz sind, etwa mit klarem Kopf, strahlend, präsent mit allen Sinnen, einem super Körpergefühl, tollen Ergebnissen, eins mit sich, dem Partner und der Umwelt und so, dass Sie diesen Zustand mögen.*

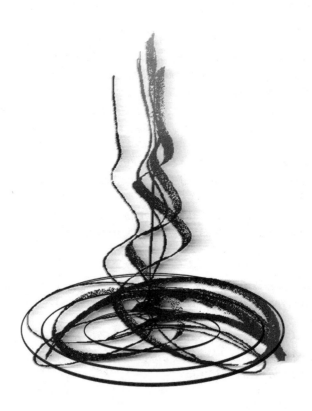

# 2. Wie gelingt der Aufbau intrinsischer Kompetenz?

Jeder Mensch ist in der Lage, intrinsische Kompetenz zu erleben, zumindest für kurze Zeit. Jede und jeder kennt das Gefühl und diesen Seinszustand der Leichtigkeit, des Gelingens und auch des Einverstanden-Seins mit allem, was ist. Dies ist ein Augenblick oder auch ein längerer Moment, in dem alles, was eintritt, sich in Übereinstimmung mit dem Innersten befindet. Innen und Außen sind miteinander verbunden. Die Grenzen haben sich aufgelöst, Härte ist abgeschmolzen, alles fließt.

Dies wird häufig als »Zufall« beschrieben oder als »Glück«, das einem in den Schoß fällt. Wer mag, kann das so sehen. Die gute Nachricht dabei ist: Niemand muss auf Zufall oder Glück warten. Jeder kann diesen Zustand in sich selbst entwickeln, bewusst initiieren und mehr und mehr ausdehnen. Die schlechte Nachricht lautet: Einige alte Gewohnheiten müssen weg. Vielleicht ist das aber gar nicht so schlecht, wenn wir erleben, wie wir durch das Abwerfen von unnützem Ballast leichter und vitaler werden.

Sie können sofort und wenn Sie wollen täglich, überall auf der Welt und in jeder Situation mit Ihrem Bewusstsein den Weg in Ihre Kraft und in das An- und Eingebundensein bahnen.

1. In einer »akuten« Situation
2. Im Alltag generell
3. Im weiteren Verlaufe dieses Buches

# 1. In einer »akuten« Situation

In einer akuten Situation von emotionaler Belastung oder besonderen Herausforderungen kann die »RAUM«-Formel helfen:

*Registrieren (Reflektieren)*
*Akzeptieren (Ausatmen)*
*Umarmen*
*Managen*

*R: Das große R steht für Registrieren und Reflektieren.*

In allen möglichen und unmöglichen Situationen, in denen wir uns befinden, kann eine bestimmte Bewusstseinsebene eingeschaltet werden, nämlich die Fähigkeit des Reflektierens und somit Registrierens, dass gerade eine – wie auch immer geartete – Emotion da ist oder beginnt, im Körper aufzusteigen, sich auszudehnen. Schon der Moment, in dem uns dies bewusst wird, eröffnet die Chance, von dieser Emotion nicht mehr gänzlich eingefangen und somit ungewollt bedrängt oder »gepusht« zu werden.

*A: Das A steht für Akzeptieren und Ausatmen.*

Das, was gerade da ist, die Emotion, die sich so anfühlt, wie sie ist – ungefiltert, natürlich, rein – kann akzeptiert werden. Es ist, wie es ist. Was wir auch im Leben nehmen, was auch geschieht, Änderungen können nur eingeleitet werden, indem wir das, was ist, akzeptieren. Wenn wir das, was im Augenblick ist, nicht akzeptieren, schieben wir es ja weg von uns, und das, was wir von uns wegschieben, können wir nicht verändern. Jedes ungute Gefühl, das wir nicht akzeptieren und wegschieben, belastet uns und macht uns steif. Dennoch ändert sich nichts und der

Atem stockt. Akzeptieren gibt uns die Möglichkeit der Veränderung, das Ausatmen löst Blockaden.

*U: Das U steht für Umarmen.*

Das Umarmen ist ein weiterer, noch ausgedehnterer Schritt über das Akzeptieren hinaus. Wir akzeptieren zunächst, dass das, was ist, so ist, wie es ist. Dann beginnen wir, es auch zu spüren, zu erfahren, es aktiv und passiv mit Leben zu erfüllen. Dabei bleiben wir bei uns, bei diesem Gefühl. Wir fühlen es komplett, wir umarmen es als das, was es im Augenblick in uns ist und mit uns macht, wie beispielsweise Ärger oder Frustration oder Ungeduld oder eine wie auch immer geartete Laune. Jetzt, in dem Augenblick, in dem wir dieses Gefühl umarmen, besitzen wir es, und was wir besitzen, können wir auch hergeben, verschenken, verändern, auflösen.

*M: Das M steht für Managen.*

Nun geht es um die Entscheidung, was wir genau machen möchten. Wir sind uns bewusst, dass wir uns ärgern oder etwas anderes uns bewegt. Wir akzeptieren dies, wir fühlen es. Wenn es der Ärger ist, können wir ihn umarmen und nun entscheiden, ob wir diesen Ärger bewusst in einem Gespräch jemandem übermitteln oder aber, ob wir bewusst damit arbeiten, wie in Kapitel 6 näher beschrieben.

Wenn wir den Ärger einer anderen Person absichtlich mitteilen, könnte das so klingen: »Hier ist ein Fehler passiert, und das ärgert mich.« Schon dadurch, dass wir den Ärger mitteilen, mit einem anderen Menschen »teilen«, lässt der innere Druck nach. Wir geben dem anderen zu verstehen, dass wir emotional beteiligt sind. Und jedes Mal, wenn wir jemandem eine emotionale Beteiligung zeigen, wird auch er anders in seiner Reaktion mit uns umgehen. Das ist etwas völlig anderes, als versachlicht und kühl zu thematisieren oder jemanden unreflektiert anzuschreien.

Im Alltag wird häufig eine Abkürzung dieses Prozesses genommen. Beispielsweise registrieren viele Manager in hervorragender Weise eine Sachlage und reflektieren persönliche Befindlichkeiten. Doch dann springen sie sofort hin zum Managen, anstatt die emotionale Energie dieses Prozesses aktiv zu nutzen. Sie geraten damit ins Abseits, wie der Stürmer im Fußball, der zurückgepfiffen wird, wenn er zu weit vorprescht.

Die emotionale Energie kann aktiv genutzt werden, wenn sie wahrgenommen wird, so wie der Stürmer auf die Bewegung anderer Spieler achtet, um aus dem Spielfluss heraus ein schönes Tor zu schießen und nicht ins Abseits zu rennen. Er meistert seine Ungeduld und leitet zunächst eine Kombination oder einen Doppelpass ein.

Wenn wir uns Zeit nehmen, Gefühle wahrzunehmen, können wir diese innerlich verarbeiten und nutzen. Und dieser Prozess wird mit der »ZIEL«-Formel verdeutlicht.

## 2. Im Alltag generell

*Z*eit nehmen
*I*nformationen erforschen
*E*rlauber installieren
*L*ieben

Den Umgang mit unseren Emotionen können wir so pflegen, wie wir täglich unsere Zähne putzen, also morgens nach dem Aufstehen, abends vor dem Zubettgehen und bei Bedarf zwischendurch. Abends, vor dem Schlafengehen, können wir mit unseren Emotionen bewusst in Verbindung treten, angestaute Gefühle erkennen, reflektieren und dadurch lösen. Dies befreit das Unbewusste von Ballast und ermöglicht einen angenehmen Schlaf.

Auch angenehme Erlebnisse können nochmals durchlebt werden. So werden wertvolle Anker für die Zukunft gesetzt, mit denen wir freudiger leben und uns weniger anstrengen müssen. Sowohl für abends wie für morgens als auch für ausgewählte Gelegenheiten gibt es eine spezielle Begleitmusik auf unserer CD, die in Kapitel 3 noch genauer erläutert wird (siehe auch S. 191).

### *Z: Das Z steht für Zeit nehmen.*

Es braucht Zeit, mit uns selbst immer wieder in Kontakt zu kommen. Das könnte so aussehen, dass wir uns ruhig auf die Couch oder in einen Sessel setzen, die Augen schließen und hineinspüren, welche Situationen tagsüber welche Gefühle verursacht haben.

45

*I: Das I steht für Informationen erforschen.*

Wenn wir uns hinsetzen, nach innen spüren und den Tag Revue passieren lassen, kommen Situationen an die Oberfläche, in denen wir Menschen aus Beruf und Privatleben sehen, die uns angenehm oder unangenehm berührt haben. Dieses Berührtsein gibt uns entsprechende Informationen. Es kann sein, dass Informationen auftauchen, wie wir in einer unangemessenen Weise, zu schnell, zu langsam oder gar nicht reagiert haben und damit Ärger, Enttäuschung oder Stress bei uns oder anderen ausgelöst haben.

Beispielsweise finden wir heraus, dass wir ungeduldig waren. Wenn wir nun dieser Ungeduld nachgehen und tiefer forschen, könnte dabei eine innere Überzeugung zum Vorschein kommen. Diese innere Überzeugung könnte etwa so klingen: »Ich kann alles besser und schneller machen.« Vielleicht erkennen wir danach, wie wir so den Mitmenschen zu wenig Vertrauen schenken und sie gar nicht zum Zuge kommen lassen.

Wenn derartige Erkenntnisse an die Oberfläche kommen, können wir auch diese Informationen akzeptieren und uns freuen, dass wir neue Zusammenhänge entdeckt haben.

*E: Das E steht für Erlauber installieren.*

Bleiben wir noch etwas bei der Ungeduld. Jetzt geht es darum, wie wir dahin kommen, uns selbst zu erlauben, so ungeduldig oder mit wenig Vertrauen oder zu schnell gewesen zu sein. Somit erlauben wir uns gleichzeitig, Dinge in Zukunft anders anzugehen, mit einem noch nicht genau bekannten Ergebnis. Das heißt, dass auch mal etwas danebengehen darf.

Wir erlauben uns, Dinge auszuprobieren, die dann nicht automatisch einhundert Prozent perfekt sein müssen.

Wir erlauben uns, andere um Hilfe zu bitten. Wir erlauben uns, nicht immer alles selbst machen zu müssen. Wir erlauben uns, nicht perfekt sein zu müssen. Wir erlauben uns, langsamer – oder schneller – zu sein. Wir erlauben uns, mehr Pausen zu machen und dadurch konzentrierter arbeiten zu können. Wir erlauben uns, Erfolge zu feiern. Wir erlauben uns, uns auch über kleine Dinge zu freuen. Wir erlauben uns, die tägliche Arbeit als etwas Besonderes und nicht als etwas Normales zu sehen.

Was sonst möchten Sie sich gerne erlauben?

*L: Das L steht für Lieben.*

Lieben ist ein sehr wichtiger Teil dieser Formel, nicht nur beim Aufbau der intrinsischen Kompetenz, sondern in allen Phasen der Veränderung, in allen Phasen des Lebens.

In diesem Zusammenhang bedeutet Lieben, dass wir das lieben, was sich jetzt gerade verändert. Wir erkennen damit an, dass ausgetretene Pfade verlassen worden sind, dass Fehler gemacht werden dürfen. Der Erlauber ist jetzt dabei, das zu lieben, was noch nicht perfekt, noch ganz neu, noch unerfahren ist. Wir lieben uns dafür, diesen Anfang zu machen, wir lieben uns dafür, dass wir uns auf den Weg zu unserem innersten Wesenskern aufgemacht haben. Und jede neue Herausforderung können wir lieben, da diese die Möglichkeit beinhaltet, immer mehr intrinsische Kompetenz zu bekommen, immer mehr von dieser Intelligenz und Kraft zu erleben, sie zu spüren und auszudehnen.

## 3. Im weiteren Verlaufe dieses Buches

Nach der Einführung in die Bedeutung intrinsischer Kompetenz und nach ersten Versuchen in den ersten beiden Kapiteln betrachten wir im Folgenden (Kapitel 3), wie wir leichter lernen. Ob beim Pauken von Vokabeln oder Grammatik, vor allem jedoch aus wirklich wichtigen Ereignissen unseres Lebens lernen wir optimal, wenn wir einen bestimmten Rhythmus einhalten. Diesen Lernrhythmus halten unsere grauen Zellen im Gehirn schon immer für uns bereit und warten nur darauf, dass wir mit ihm und nicht gegen ihn arbeiten [8] [9].

Danach lernen wir, wie durch das Verständnis der mittleren Schicht (Kapitel 4) der Weg frei wird, indem eigenes und fremdes Abwehrverhalten erkannt, ausgeglichen, genutzt und gelöst wird.

# 3. Lernen mit dem Schub der Evolution

Die von Gehirnspezialisten[8] [9] [10] dargestellte **Evolutionskurve** zeigt, wie bei allen Organismen neue Informationen in den Informationsspeicher der Zellen und damit auch der Gene aufgenommen und dort eingepasst werden.

Neue Informationen kommen zum Beispiel aus den veränderten klimatischen Bedingungen für Dinosaurier, die sich diesen Bedingungen anpassen können oder auch nicht, und dann aussterben. Auch Tiere oder Pflanzen, die aus dem Wasser kommen und an Land weiterleben, adaptieren die neuen Umweltbedingungen über die Gesamtheit der Zellen und Gene. Damit können sie in dem veränderten Milieu weiterleben und sich entwickeln.

Genauso baut der Organismus eines Menschen die Informationen interessanter Begegnungen und aufregender Erlebnisse in das ewige Gedächtnis seines Zellbewusstseins ein.

Auf der folgenden Seite ist dieser Prozess in Form einer Evolutions- und Energiekurve graphisch dargestellt. Fünf entscheidende Phasen lassen sich dabei unterscheiden:

1: Neue Informationen kommen in Kontakt mit dem Organismus und treten in ihn ein.

2: Das Neue versetzt das gesamte System in Erregung, die Energie steigt sprunghaft und rhythmisch an.

## Evolutions- und Energiekurve

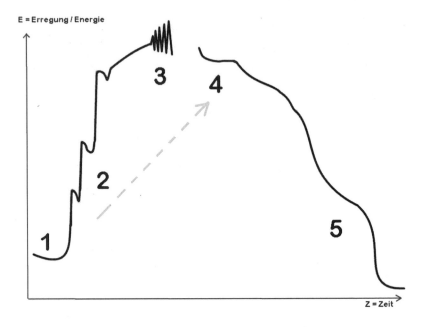

E = Erregung / Energie

Z = Zeit

3: Es driftet in ein unkontrolliertes, chaotisches Durcheinander – Krise, Chaos, Ekstase. Je gewaltiger die Wallungen sind, desto optimaler wird das Neue eingepasst, wie bei einem totalen Orgasmus mit erfolgreicher Befruchtung und nachfolgender Schwangerschaft.

4: Nach dem Höhepunkt bildet sich eine ruhigere Plateau-Phase ab, in der erste neue Erkenntnisse und Einsichten sowie Heilungen möglich sind.

5: Das System verarbeitet und integriert das Neue und Gewonnene und fährt langsam in die Entspannung hinunter, bis zum nächsten Event.

Der graue Pfeil im Bild stellt das theoretische Bemühen dar, ohne Erregung und Durcheinander direkt zur Erkenntnis zu gelangen. Auf diese Weise gelingt das allerdings nur teilweise oder gar nicht, nach dem Motto: »Was man schwarz auf weiß besitzt, kann man getrost nach Hause tragen.«

So durchläuft der heutige kultivierte Mensch diesen Lern- und Verarbeitungsprozess nicht mehr vollständig. Infolgedessen können Erkenntnisse aus dem Erlebten nur noch zum Teil oder gar nicht mehr erlangt werden. Leider bewirkt diese besonders in westlichen Zivilisationen weitverbreitete degenerative Gewohnheit einen ungeheuren Verlust an Lebensenergie einzelner Menschen und ganzer Völker.

Wer sich jedoch diesen uralten, von vielen fast vergessenen Lernmechanismus der Evolutionsfähigkeit wieder voll und ganz zu eigen machen möchte und damit zu experimentieren beginnt, kann sich dabei auf folgende **Emotionen** einstellen:

1: Sich orientieren – aufwachen – bei sich sein – neugierig sein – sich öffnen

2: Sich anstecken lassen – Erregung – Spannung – Lust

3: Sich sträuben und doch hineingezogen werden – Verwirrung – chaotische, paradoxe Gefühle – Erschütterung – voller Ausdruck – aus sich heraustreten

4: Zu sich kommen – Wonne – Liebe – mitfühlen – erkennen – verstehen

5: Entspannen – Geborgenheit – vertrauen – Ruhe

## GEN Evolution

Die mit dem Musiker und Komponisten Jost Pogrzeba entwickelte CD »GEN Evolution« (s. S. 191) hilft, die Rhythmen dieser fünf Phasen zu erleben und sich mit seinem ganzen Selbst in geeignetem Umfeld darauf einzulassen: Die Musik ist zunächst melodisch, dann rhythmisch, chaotisch, lyrisch und am Ende wieder ruhig. Wenn wir bewusst mit unserem ganzen Körper »wieder erlernen«, wie dieser Zyklus verläuft, können wir gerade auch in Zeiten von intensiver Veränderung oder äußeren Anforderungen leichter mit dem Neuen oder mit Aufregung umgehen. Wenn das Gefühl aufsteigt, etwa: »Jetzt bin ich total konfus!«, kann das somit ein Hinweis werden in Richtung »O.k. – mein System ist gerade dabei – oder ich bin gerade dabei, etwas Neues zu integrieren«.

Dabei muss das Neue nicht zwangsläufig neuen Situationen entspringen. Es kann sich auch um neue Eindrücke von bereits vor langer Zeit Erlebtem handeln.

Wissenschaftler haben vor wenigen Jahren herausgefunden, dass es möglich ist, alte Erlebnisse zu überschreiben [9] [10] [11]. Unser Gehirn speichert Erinnerungen nicht auf ewig in der gleichen Weise ab, zur Verzweiflung mancher Richter, die es lieber hätten, wenn Zeugenaussagen unverändert genau gleich bleiben würden, wie im ersten Protokoll. Nein, Erinnerungen verändern sich jedes Mal, wenn sie aufgerufen werden. Beim Aufrufen alter Erinnerungen werden diese mit neueren Informationen und aktuellen Stimmungen angereichert. Die Rückschau weicht also vom ersten Erlebnis etwas ab und wird in abgewandelter Weise neu ins Langzeitgedächtnis übernommen.

Und das ist die Chance! Wir können uns entscheiden, ein gewisses Thema loszulassen oder anders zu verarbeiten, anstatt es immer wieder auf gleiche Weise hervorzuholen und darüber zu trauern oder zu schimpfen.

Wenn wir einen Verlust oder eine Verletzung verarbeiten, vielleicht sogar positiv nutzen wollen, folgen wir der Evolutionskurve, vor allem in die Phasen 2 und 3 hinein. Wir können Erlebnisse durch rhythmisch-lösende Bewegungen neu durchleben, Gefühlen Raum geben und neue Einsichten gewinnen. Wir finden frische Bilder und Haltungen (Phase 4), die für gegenwärtige und zukünftige »Umweltbedingungen« geeignet sind, und integrieren sie (Phase 5) in unsere Umgebung.

**Tipps für das Hören der CD GEN Evolution**

Vorbereitung: Begeben Sie sich an einen wohltuenden Ort. Wenn Sie unterwegs sind, etwa im Zug oder Flugzeug, könnten Sie einfach die Augen schließen und das Kommende in sich, ohne große äußere Bewegung ablaufen lassen. Wenn es die Umgebung erlaubt, könnten Sie sich auf kleinere oder ausladendere Bewegungen einstellen: schwingen, hüpfen, tanzen, wie es Ihnen beliebt.

1) Entspannen Sie sich in einen angenehmen Zustand hinein. Dann ist es leichter, etwas Neues oder Unbewältigtes an sich herankommen zu lassen. Öffnen Sie sich für Neues, lassen Sie es an sich herankommen, vielleicht wollen Sie es sogar aufsuchen? Das Alte ist sicher, bekannt, aber auch oft leblos und wenig ergiebig. Für das Neue braucht es einen Impuls, Neugierde, spontane Bewegung, die Bereitschaft, für eine Weile unsicher, unkontrolliert zu sein, Mut.

2) Wenn Spannung und Erregung aufkommen, dann erhalten Sie sich diese Empfindungen. Lassen Sie sich durch Gedanken nicht ablenken, sondern achten Sie lieber auf Ihren eventuell beschleunigten Atem, Ihren Körper, kleine oder ausladendere Bewegungen. Erleben Sie, wie Sie von sich selbst und dem Rhythmus der Musik bewegt werden, wie die Erregung Sie erfüllt und mitnimmt. Erlauben Sie unbehinderte, freie Bewe-

gungen, damit die Erregung sich aufbauen kann. Nehmen Sie das Ergebnis nicht vorweg, lenken Sie Ihre Gedanken nicht absichtlich in die gewünschte Richtung, sondern bleiben Sie offen und neugierig, wohin Sie getragen werden.

3) Lassen Sie Unsicherheiten, Verwirrung, Chaos und Ekstase geschehen oder gehen Sie aktiv darauf zu; lassen Sie sich ergreifen, verschlucken und total gehen.

4) Dies ist die Phase der Besinnung, Neuorientierung und Bewusstwerdung.

5) Wollen Sie etwas umsetzen oder zu Ende bringen? Vielleicht behalten Sie es in Erinnerung oder notieren das. Dann entspannen Sie sich, lassen sich insgesamt los und genießen die Ruhe.

Für den Fall, dass Ihnen der anregend-entspannte, zentrierende und öffnende Effekt dieser Musik gefällt und Sie diesen in Ihrem täglichen Leben nutzen möchten, gibt es auf der CD neben der Langversion (31 min) auch zwei Kurzversionen, eine für den Morgen (7 min) und eine für den Abend (11 min). In der Version für den Morgen stehen Anregung und Zentrierung zum Fitsein im Vordergrund. In der Version für den Abend werden Entspannung, Lösung und Vorbereitung für die Rhythmen der Nacht unterstützt.

Einschlafschwierigkeiten hängen manchmal damit zusammen, dass ein innerer Druck: »Ich muss jetzt schlafen, weil ...« dem natürlichen Rhythmus einer eventuell gerade nochmals nach oben strebenden Energiekurve (siehe oben und auch Kapitel 8) entgegensteht, emotionale oder mentale Erregungen das sofortige Einschlafen verhindern. Daher enthält die Abend-Version am Anfang doch auch eine kurze Steigerung, im Gegensatz zu »linear« wirkenden Entspannungsmusiken oder anderen Maßnahmen (Schäfchen zählen). So wird »GEN Evolution in the evening« dem auch abends vorhandenen Zyklus des inneren Auf und Ab gerecht.

Bevor Sie mit den Kurzversionen arbeiten, empfehlen wir dennoch wenigstens einen Durchlauf mit der »Extended Version«, die für Menschen mit Zeit natürlich am schönsten ist. Sie können auch alle drei Stücke hintereinander hören (Morgenversion, Langversion, Abendversion, zusammen ca. 50 min) und den Zyklus mehrmals durchlaufen.

**Fragen nach der Durchführung dieses Musik-Bewegung-Experimentes:**

Wie erging es Ihnen generell während der Durchführung, waren Sie mit Ihrer Aufmerksamkeit mehr in Gedanken oder eher in Gefühlen oder im Körper oder sonst wo? Was erlebten Sie in den einzelnen Phasen speziell?

Erfuhren Sie in irgendeiner Weise eine minimale oder größere Veränderung in Ihrem gesamten Sein, zum Beispiel Entspannung oder mehr Wachheit, vielleicht spürten Sie mehr Ihren Körper oder empfanden sich größer oder irgendwie ausgedehnter? Wenn das so ist, hat sich der Zustand Ihres Bewusstseins ein klein wenig oder sogar deutlich geändert.

Wenn möglich, schreiben Sie das Erlebte nieder. Oder würde es Sie reizen, eine ähnliche Kurve, nämlich Ihre eigene Evolutionskurve zu erstellen und Ihre individuellen Aufs und Abs mit Ihren Empfindungen zu markieren? Dann machen Sie das am besten jetzt gleich.

## Zusammenfassung

*1. Lernen, Wachstum und Weiterentwicklung gehören zum Leben wie Essen und Trinken. Wer nur auf Gewohntes setzt, stirbt ab.*

*2. Eine Offenheit der Sinne für wesentliche Neuigkeiten setzt Energie frei. So ist es bei einer Präsentation für alle Beteiligten fruchtbar, wenn lockere Anmerkungen und auch kritische Fragen mit einfließen dürfen. Und in einer intimen Begegnung spricht eine Erhöhung der Körpertemperatur, etwa in den Füßen, für echtes Engagement.*

*3. Aufregende Empfindungen und Gefühle fördern das Wachstum, wenn sie nicht unterdrückt, sondern vielleicht sogar aufgesucht werden. Eine nährende Umgebung stellt eine wesentliche Unterstützung dar. Denken Sie nur mal an Ihren Arbeitsplatz oder an Ihr Wohnzimmer.*

*4. Stumpfsinniges Üben und rigide Vorschriften sind anstrengend und haben einen geringen Lerneffekt. In einem entkrampften oder gar erweiterten Bewusstsein gelangen Informationen viel schneller und genauer dahin, wo es zündet. Bei bestimmten Konzerten verwenden einige Künstler viel Zeit darauf, ihr Publikum einzustimmen und können es damit noch besser erreichen und begeistern.*

*5. Der gezielte Einsatz informativer Elemente in Worten, Symbolen, Musik, Bildern und Filmen kann aufwendige und teure Maßnahmen ablösen, etwa in Medizin, Wirtschaft und Politik. In welchem Gebiet möchten Sie gerne leichter und freier werden?*

# 4. Verrat am Selbst – Abwehrmuster und Charaktertypen

Das Aufdecken individueller Abwehrmuster hilft, ihnen nicht in die Falle zu gehen[4] [12], sie zu neutralisieren oder gar zu verändern. Bestimmte Situationen können leicht und frei bewältigt werden, wenn die innere Bremse gelöst ist.

### 4a. Charakter als Abwehrstrategie [4] [13] [14]

Die meisten Menschen werden mehr oder weniger von inneren Abwehrmustern gebremst. Diese schwächen die Vitalität und können unnötig krank machen. Sie halten persönliches und auch finanzielles Wachstum auf oder verhindern es ganz.

Diese Strategien sind gewohnheitsmäßige Haltungen, die ursprünglich dazu beitragen sollten, tief liegenden Stress zu bewältigen, der aus den Unterschieden von innerer Schicht (Wesenskern) und äußerer Schicht (Persona) entsteht und Erwartungen, Emotionen und Unsicherheiten über das Selbst und die Beziehung des Selbst zu anderen erzeugt. Genau diese Unsicherheiten und Ängste der Umgebung gegenüber können dann wieder als Begründung für notwendigen Schutz und Hochfahren der Abwehr verwendet werden. Dieser aufreibende und teure Zeitvertreib ist eines der beliebtesten »Spiele« von Personen mit sich selber und mit anderen, ebenso von Volksgruppen und Ländern untereinander.

Der Charaktertyp und seine entsprechenden Abwehrstrategien sind bei einigen Menschen offensichtlich in Haltung und Verhalten zu erkennen. Diese treten besonders auf, wenn eine passende Situation diese hervorruft oder eine Begegnung mit einem korrespondierenden Typus stattfindet, etwa wenn der Dominante auf den Devoten trifft. Bei anderen Menschen und in anderen Fällen treten sie nicht so deutlich zutage. Doch je länger sie unerkannt wirken, desto fester werden sie und binden einen erheblichen Teil, manchmal sogar den Hauptteil der Lebensenergie.

So kann etwa an der Aufrichtung der Halswirbelsäule optisch oder durch vorsichtiges Ertasten erkannt werden, wie weit diese dem Idealzustand einer aufgerichteten, flexiblen Haltung nahekommt oder Lebensenergie »auffrisst«, indem sie gebogen oder steif ist. Zum einen sind dann Blut-, Nährstoff- und Sauerstoffzufuhr zum Gehirn eingeschränkt, zum anderen erzeugen Spannungen im Hals Gegenspannungen in Schultern, Oberarmen, Brust, Rücken, Bauch und Beinen, wodurch Lebenskraft verloren geht.

Der Blick auf diese primären Haltungen und Abwehrstrategien ermöglicht einen tiefen Blick auf menschliche Schwächen und eröffnet damit fundamentale Entwicklungschancen. Bei der Erforschung und noch mehr im praktischen Umgang mit diesem Verhalten ist es daher angebracht, eine tolerante, respektvolle Haltung einzunehmen und eine nicht wertende, nicht urteilende Sprache zu verwenden. Das lässt sich vergleichen mit der Art, wie Witze erzählt werden.

Witze über menschliche Eigenarten können verletzen oder aber auch erheitern und ein Thema auf den Punkt bringen. Denn ob ein Witz zündet und Energie freisetzt, hängt vom Inhalt des Witzes ab und der Situation, in der er erzählt wird. Doch entscheidend ist die Haltung des Erzählers oder der Erzählerin, und ob er oder sie sarkastisch ist oder liebevoll mit den Augen zwinkert.

Da die nachfolgend beschriebenen Abwehrstrategien im gesamten Körper-Gefühl-Geist-System eines Menschen festsitzen und damit zur Gewohnheit geworden sind, lassen sie sich nicht durch einmalige mentale

Anstrengung beseitigen. Durch tieferes Verständnis, Wachheit, Konsequenz und die Bereitschaft, Neues auszuprobieren, lösen sie sich jedoch. Das setzt gebundene Lebensenergien frei. Auf diese Weise kann ein vertrauensvolles und ergiebiges Wachstum einsetzen, das bestimmte Einstellungen reorganisiert, Emotionen klärt und den Kopf freimacht.

## 4b. Abwehrmuster (nach Brennan [(15)])

Bitte markieren Sie auf den nachfolgenden Seiten alle Abwehrmuster, die Sie intuitiv bei sich erkennen. Wenn es Ihnen Spaß bereitet, dann können Sie das auch mit einigen Personen aus Ihrer Umgebung machen.

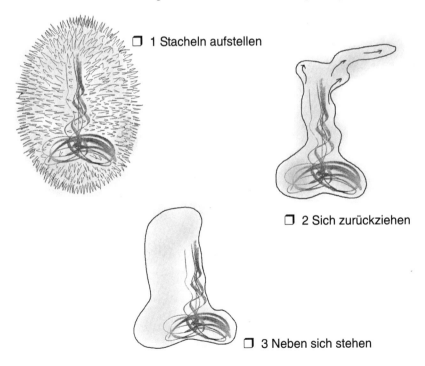

❐ 1 Stacheln aufstellen

❐ 2 Sich zurückziehen

❐ 3 Neben sich stehen

☐ 4 Leer schwätzen

☐ 5 Fangarme ausstrecken

☐ 6 Gut sichtbar lautlos brüten

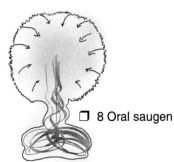

☐ 8 Oral saugen

☐ 7 Verbale Pfeile schießen

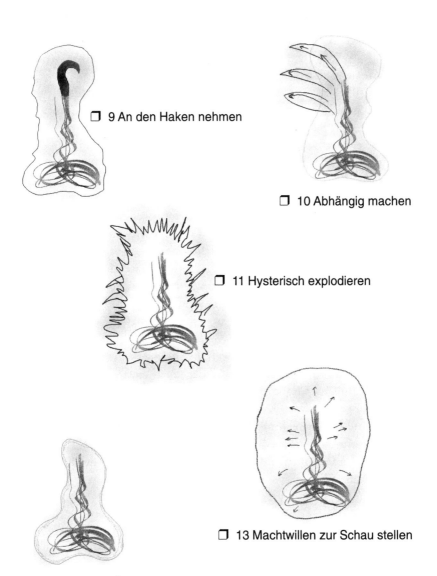

9 An den Haken nehmen

10 Abhängig machen

11 Hysterisch explodieren

13 Machtwillen zur Schau stellen

12 Sich durch Überheblichkeit isolieren

## 4c. Strategie-Typen (nach Brennan [15], Kurz [13], Eisman)

Jon Eisman war ein Schüler des Deutschen Wilhelm Reich. Der Forscher und Schriftsteller Wilhelm Reich lebte in der Zeit von Sigmund Freud und Carl Gustav Jung, er entdeckte und beschrieb die muskuläre Charakterpanzerung zum besseren Verständnis des sogenannten Widerstandes, einer psychischen Kraft, die einen Menschen nicht immer so handeln lässt, wie er und andere es vielleicht erwarten würden. [4]

Wenn sich Menschen übermäßig an äußeren Werten wie Macht und Besitz orientieren, geht die Verbindung zu tiefer liegenden Persönlichkeitsanteilen verloren. Man erwartet von sich und anderen ein makelloses Funktionieren. Schwächen dürfen nicht gezeigt werden nach dem Motto: »Ich muss mich doch fähig und als Vorbild präsentieren.« Die angestrebte extrinsische Stabilität hat jedoch ihren Preis, denn unpassende Bewegungen und Empfindungen aus dem Inneren müssen dann abgewehrt werden.

Der Skandinavier Jon Eisman entwarf die anschließend verwendeten Benennungen für acht Strategien des Widerstehens und Vermeidens. Diese Abwehrhaltungen sind körperlich-geistige Manifestationen der im Abschnitt 4b gezeichneten Abwehrmuster. Diese oft unbewussten Einstellungen und Glaubensmuster (»limiting beliefs«) sind auch der Grund dafür, dass im Beispiel aus Kapitel 1 der Nagel, der auf den Kopf getroffen wird, dennoch nicht eingeschlagen werden kann, also der Erfolg auf unerklärliche Weise ausbleibt: »Es hat nicht sollen sein.«

Da diese Blockaden tiefer liegen und zur Gewohnheit geworden sind, ist es ein großer, aber entscheidender Schritt voran, wenn sie erkannt und bearbeitet werden.

# Die acht Strategie-Typens des Widerstehens und Vermeidens

1. Feinnervig, analysierend
2. Abhängig, gewinnend
3. Unabhängig, selbstversorgend
4. Hart, großzügig
5. Gefällig, einschmeichelnd
6. Belastet, duldend
7. Ausdrucksvoll, klammernd
8. Unermüdlich, übergründlich

## 1. Der feinnervige, analysierende Typ

Der Körper des feinnervigen, analysierenden Typs ist eng zusammengezogen oder fragmentiert, er wirkt unintegriert und birgt eine hohe Ladung, die eingefroren scheint. Er wirkt eckig, die Proportionen zwischen einzelnen Körperteilen passen nicht zusammen. Es könnte sich dabei um einen Internet- oder Computer-Freak handeln oder einen Menschen mit geistigen Interessen. Er wirkt wie neben sich stehend und bewegt sich verhalten.

Seine Sprache ist abstrakt, absolut und zeigt wenig Emotion, dafür ist sie eher kalt und starr, unverbindlich, wenig überzeugend. Es gibt unvorhersehbare Rückzüge und eine Suche nach Kontakt, die oft misslingt.

Sein Verhalten ist beobachtend, dann imitierend, nicht authentisch. Er steht über den Dingen, befindet sich außerhalb dieser Welt und verankert sich nicht in der Realität. Er trägt den ausgesprochenen oder unausgesprochenen Verdacht mit sich herum, dass andere eine Bedrohung darstellen könnten. Er sucht Kontakt, vermeidet jedoch Intimität und ist nicht vollständig präsent.

Seine bevorzugten Abwehrmuster sind: Sich zurückziehen, neben sich stehen, Stacheln aufstellen.

Beispiele: Woody Allen und Charlie Chaplin, die das Sensible, aber auch das Abgespaltene und Erfolglose dieses Typs für ihre Komik verwenden; »Data« in Raumschiff Enterprise mit bestechender Logik und fehlenden Emotionen, die er mit digitalen Programmen erwerben möchte; Konfuzius, der hoch angesehen, aber ohne richtige Heimat, oft auf der Flucht und persönlich erfolglos war. Ein Zitat von ihm lautet: »Der Edle strebt seinem Ideal nach, aber erreicht es nie.«

Die Defizite dieses Typs liegen darin, anscheinend kein Recht auf Existenz zu haben, nicht akzeptiert zu werden und ein Leben im Hier und Jetzt nicht führen zu können.

Seine Stärken zeigen sich im Geistigen und überall da, wo sein Wissen gebraucht wird. Er ist mit Übersicht ausgestattet und denkt logisch.

In der Kommunikation benötigt dieser Typus räumlichen Abstand, und auch emotional verträgt er es nicht, wenn man ihm zu nahe kommt. Wenn persönliche Bedürfnisse an ihn herangetragen oder wohlgemeinte Ratschläge erteilt werden, dann ist ihm das schon zu viel. Von ihm ausgehende Distanz, ängstliche und feindselige Gefühle könnten akzeptiert werden, wenn das noch tragbar ist, doch Missverständnisse sollten immer aufgeklärt werden. Da er Abweisungen schon fast erwartet, ist es heilsam, wenn ihm ein Gefühl der Zugehörigkeit entgegengebracht wird und dennoch die Dinge beim Namen genannt werden. Man könnte vorsichtig Kontakt aufbauen, freundlich neutral bleiben und die Verbindung flexibel halten.

Um dieses Abwehrverhalten zu überwinden, braucht dieser Typus zunächst eine Stärkung der eigenen Grenzen. Dann könnte er lernen, Bindungen einzugehen, anstatt den Rückzug anzutreten, und Vertrauen aufzubauen.

## 2. Der abhängige, gewinnende Typ

Der abhängige, gewinnende Typ verhält sich bittend, denn er ist in erster Linie damit beschäftigt, seine Bedürfnisse gestillt zu bekommen, obwohl er sich genau dabei selbst im Wege steht. Er wird schnell müde und gibt auf, bevor er sein Ziel erreicht hat. Er bricht lieber zusammen, als erwachsen werden zu müssen, und versucht, andere als Versorger für sich zu finden. Wenn ihm dies gelingt, stellt er jedoch unrealistische Forderungen an andere mit dem Unterton:»Der andere gibt nicht genug.« Er erzwingt Zuwendung, bricht aber ab, bevor er etwas bekommen kann.

Sein Körper ist eher dünn und verfügt nur über eine geringe Energie. Der Kopf ist nach vorne geschoben, wie auf der Suche nach Nahrung. Die Knie sind durchgedrückt, insgesamt hat dieser Typ ein kindliches, bedürftiges Aussehen mit angestrengten oder müden Bewegungen. Im Kontakt lebt er auf.

Seine Sprache ist fragend und bittend. Gefühle werden leicht und offen ausgedrückt, in einer authentischen, vertrauensvollen und liebenswerten Art. Auch Beziehungen können leicht und vielseitig aufgebaut werden, mit dem Unterton: »Bitte lass mich nicht allein!«

Seine bevorzugten Abwehrmuster sind oral saugen, leer schwätzen und verbale Pfeile abschießen.

Beispiele für diesen Typus sind alle Arten von Süchtigen und Bedürftigen. Im »Diener zweier Herren« von Goldoni lässt sich ein Diener anstellen und nimmt aus purem Hunger eine weitere Stellung an. Das Stück gipfelt in witzig-tragischer Weise darin, dass er total hungrig und von doppelten Ansprüchen völlig gestresst beiden Herren abwechselnd das Essen bringen muss. Weitere Beispiele sind Romy Schneider und Heinz Rühmann in ihren meisten Rollen und die Absinth-Trinkerin in einem Bild von Pablo Picasso.

Sein Defizit besteht darin, dass ihm Zuwendung, Nahrung, emotionale Kontakte und Befriedigung fehlen.

Seine Stärken als sozialer Typ liegen im Teamwork, in der Kommunikation und in Dienstleistungen. Er ist einfühlsam, freundlich und gefühlvoll.

Kommunikation: Man könnte ihm maßvolle Zuwendung und zweckmäßige Nähe geben und darauf achten, keine zu hohen Versprechungen zu machen. Auf diese Weise vermeidet man es, sich von ihm aussaugen zu lassen. Schon vorher, also noch im grünen Bereich, könnte man freundlich Grenzen setzen und ein gemeinsames Ziel verfolgen. Ohne sich zu sehr ablenken zu lassen, könnte man immer wieder auf den roten Faden zurückkommen.

Einen großen Wachstumsschritt macht dieser Typus, wenn er eigene Bedürfnisse anerkennt, auf eigenen Beinen steht und es lernt, Erschöpfung und vermeintlichen oder tatsächlichen Frust zu überwinden.

## 3. Der unabhängige, selbstversorgende Typ

Der unabhängige, selbstversorgende Typ übertreibt lieber seine Unabhängigkeit von anderen, um auf keinen Fall in die bedürftige Situation des vorigen Typs zu kommen. Hilfe oder auch Anerkennung möchte er lieber nicht, weil ihm die Position des Annehmenden unangenehm ist. Vielleicht hat er nie Unterstützung bekommen oder musste diese als verletzend oder beschämend erleben. Im Inneren jedoch wartet dieses unbewältigte Thema. Als Abwehr dagegen könnte er sich sogar in schwierige Situationen bringen, um sich selbst zu beweisen, dass er überleben kann.

Der Körper zeigt eine ähnliche Ausprägung wie der abhängige Typ, er ist allerdings kraftvoller, mit einer rigiden äußeren Schicht, die Selbständigkeit und Kraft geben und vermitteln soll. Er ist der Cowboy-Held, der am Ende der Geschichte weiterzieht, obwohl eine Frau ihn einlädt, zu bleiben.

In seiner Sprache bittet er nicht und fragt auch nicht: »Ich kann es selbst tun und brauche dich nicht! Ich bin stark!« Weiche Gefühle werden vermieden.

Bevorzugte Abwehrmuster sind: sich überheblich distanzieren, (heimlich) oral saugen, leer schwätzen, verbale Pfeile abschießen.

Beispiele sind Old Shatterhand und die klassischen Western-Helden, die Aktion-Heldin Lara Croft in »Tomb Raider«, Kiefer Sutherland als Jack Bauer in »24«, wo er alles gibt, um seine Heimat gegen Angriffe von Terrorgruppen zu schützen, obwohl er selbst als Verbrecher gesucht wird und es ihm immer schlechter geht.

Sein Defizit besteht darin, dass die eigene Bedürftigkeit nicht anerkannt wird. Somit kann die Kraft weicher Emotionen nicht genutzt werden. Im Gegenzug überschätzt er sich möglicherweise.

Seine Stärken sind Selbständigkeit, Geradlinigkeit, Konsequenz.

In der Kommunikation mit ihm sollte man seine »Selbständigkeit« akzeptieren, sachliche und leistungsbezogene Themen vorziehen, Diskussionen und Kämpfe vermeiden, die er zur Demonstration seiner Stärke und Unabhängigkeit vielleicht sogar provoziert. Wenn er in der Position des Helden, des Aktiven sein kann, kann er mitmachen. Wenn ihm Hilfe und Nähe angeboten werden, wird er sich wahrscheinlich verschließen oder distanzieren. Eine tiefere Kommunikation wird erst dann möglich, wenn er durch äußere Umstände (Zusammenbruch der rigiden, aber relativ künstlichen Hülle) oder durch bewusste Erfahrungen damit beginnt, Impulse und Hilfe von anderen anzunehmen.

Ein wichtiger Wachstumsschritt wird gemacht, wenn er eigene Bedürfnisse anerkennt und sich helfen lässt. So entsteht echter Kontakt.

## 4. Der harte, großzügige Typ

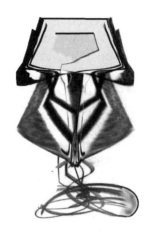

Der harte, großzügige Typ strebt nach Macht, nicht so sehr, um andere zu verletzen oder zu manipulieren, sondern um sicherzustellen, dass die eigene Person nicht verletzt, benutzt oder verachtet wird. Er zeigt sich großzügig, um in eine überlegene Position zu kommen. Damit bringt er die Empfänger der Großzügigkeit in seine Schuld und kann sich als etwas »Besonderes« betrachten.

Im Körper ist er aufwärts mobilisiert, sodass die obere Körperhälfte und auch der Kopf groß und mächtig erscheinen. Der Hals ist gespannt und schneidet den Energiefluss zwischen Kopf und Körper ab. Damit werden Gefühle unterdrückt, zum Beispiel Mitgefühl. Schultern und Arme wirken stark und stauen Aggressionen an. Becken und Beine sind dagegen dünn und fest, eine Erdung und Verwurzelung in der Realität ist damit nicht möglich. Daher sind seine Bewegungen eher grob oder stampfend.

Er ist hart zu sich selbst. Aus dieser Härte heraus befiehlt er anderen und zeigt sich immun gegenüber alltäglichen Sorgen, Problemen und Gefühlen. Insbesondere die Angst wird ignoriert, um sich so zu schützen. Als Reaktion auf bedrohliche und manipulative Situationen spielt er den »starken Mann«. Er setzt Macht, Zwang und Täuschung ein, um nicht ausgenutzt zu werden oder verletzlich und bedürftig zu erscheinen.

Seine bevorzugten Abwehrmuster sind Machtwillen zur Schau stellen, abhängig machen, an den Haken nehmen, intellektuell in die Zange nehmen, leer schwätzen, hysterisch explodieren, ohne jedoch wirklich die Kontrolle zu verlieren.

Beispiele für diesen Typus finden wir bei Politikern, Schauspielern, Kriminellen, etwa John Wayne als Sheriff, Bud Spencer als Bösewicht, Diktatoren, Tyrannen und patriarchale Familienoberhäupter, Harald Schmidt als »Dirty Harry« mit scheinbar großzügigen, in der Pointe verletzenden Witzen. Ein weiteres Beispiel ist der Saulus, der zum Paulus wird.

Der harte, großzügige Typ hat ein Defizit im Vertrauen und in der Verantwortung für andere. In gleichberechtigten Beziehungen würde er sich bedroht fühlen, weil ein normaler Kontakt in seiner Jugend mit Schmerz, Schuld, Verletzung oder Verrat einherging. Eine vertrauensvolle Beziehung zur Mutter gab es nicht. Er benötigt eigentlich Trost und Heilung für die erschreckte, verletzte Person, die er ist, tut aber alles dafür, ein Bild von sich zu verkaufen, in dem er angstfrei, unverletzlich, stark und mächtig erscheint. Er verbringt sein Leben in dem Versuch, diesem Bild gerecht zu werden und Entlarvung zu verhindern. Wer ihm näher kommen oder gar seine Maske lüften möchte, wird abgelehnt, bekämpft, ausgesondert, notfalls vernichtet.

Seine Stärken liegen in einer Tätigkeit als Führungspersönlichkeit, als Schauspieler oder VIP. In guten Zeiten zeigt er sich machtvoll bewegend, charmant und großzügig.

Eine echte Kommunikation mit diesem Typus ist nicht leicht. Seine Kontaktangebote sind großzügig, um Gefolgsleute zu gewinnen, die seinen Bedingungen unterworfen sind. Er möchte die Kontrolle behalten. Er kann charmant und klug sein, Liebe, Wärme und Anregung versprechen, um andere in sein Netz zu locken. Da menschliche Ängste und Sorgen ihn nicht belasten, kann er für andere leicht überlegen oder gar abgeklärt wirken.

Wenn er sich durchschaut fühlt, wird er feindselig oder bricht die Beziehung ab, daher ist ein authentisches Gespräch vielleicht gar nicht möglich. Dennoch könnte man vorsichtig auf seine Großzügigkeit eingehen, ohne davon abhängig zu werden und autark bleiben, ohne ihm nahe kommen zu wollen.

Vorgesetzte, Aufsichtsräte, Betriebsräte, weltliche Gesetze oder geistige Gesetzmäßigkeiten sind Regularien, denen er sich notgedrungen fügt, wenn er sie nicht doch umgehen kann. Eine klare, konsequente und ethisch vertretbare Haltung für jede(n), der oder die mit ihm zu tun hat, ist angebracht, wenn er oder sie nicht in die Schar der Gefolgsleute eingereiht oder als Feind eingestuft werden möchte.

Wenn dieser Typus durch äußere Umstände wie Unfall, Krankheit und finanzielle Verluste doch »schwach« wird oder seine Machtspiele selbst durchschaut und bewusst beenden möchte, könnte ihm eine ehrliche, vertrauensvolle Beziehung Trost und Heilung bringen. So kann er vergangene Enttäuschungen, Verrat und Verletzungen aufarbeiten und kurieren. Langsam baut sich dann ein Vertrauen auf, das ihn in die Lage versetzt, auch mal nachgeben zu können.

## 5. Der gefällige, einschmeichelnde Typ

Der gefällige, einschmeichelnde Typ ist oft bei Frauen zu finden. Der Grund für die Abwehr ähnelt dem des vorher beschriebenen harten, großzügigen Typs, der meistens bei Männern zu finden ist. Der gefällige, einschmeichelnde Typ ist jedoch weniger mächtig als vielmehr verführerisch, raffiniert. Er, besser sie, möchte andere dazu bringen, für sie zu handeln, ohne dass sie selbst Verantwortung übernehmen muss. Sie spekuliert gerne, schafft indirekt Tatsachen, übertritt unterschwellig die Grenzen anderer und wirkt provokant.

In ihrem Körper ist die untere Körperhälfte stärker ausgeprägt als die Obere. Sie besitzt ein weibliches Becken und verführerische Beine mit weichen Bewegungen. Sie ist hyperflexibel, das heißt, dass es tiefe Spannungen unter einer weichen, nachgiebigen Oberfläche gibt.

Ihre Sprache ist berechnend, angenehm, einladend und glatt. Die wahren Emotionen werden verhüllt. Statt dessen verspricht sie viel, manipuliert und drückt sich unterschwellig aus, ohne genau zu sagen, was sie will.

Ihre bevorzugten Abwehrmuster sind abhängig machen, an den Haken nehmen, Fangarme ausstrecken, (indirekt) Macht fühlen lassen.

Beispiele: Meryl Streep in »Der Teufel trägt Prada« als Chefredakteurin eines angesagten Modejournals, die Angestellte tanzen lässt; die typisch amerikanische Lady, die in ihrem Auftreten zum Ausdruck bringt:»Könntest du meinen Koffer tragen?«; die Schlange Ka aus Walt Disneys Dschungelbuch:»Vertraaaue mir ...«, Jeanne Moreau als Racheengel in:»Die Braut trug schwarz«, Maria Magdalena, die von den Jüngern verachtet wird und dennoch Jesus Christus die Füße einölt.

Ihr Defizit liegt in Vertrauen und Verantwortung. Auch für sie sind gleichberechtigte Beziehungen bedrohlich, da echte Nähe und Intimität mit Schmerz, Schuld, Verletzung und Verrat einhergingen (Mutterbeziehung). Sie benötigt eigentlich Trost und Heilung für die erschreckte, verletzte Person, die sie ist. Doch sie benutzt eine»weibliche« Abwehrstrategie des Einwickelns, um selbst nicht in»Gefahr« zu kommen. Es kann schnell passieren, dass sie sich erniedrigt und ausgenutzt fühlt, obwohl vielleicht kein äußerer Anlass dazu besteht.

Ihre Stärken liegen im strategischen Denken und in ihrer Motivationskraft. Sie kann positiv beeinflussen und Veränderungen bewirken.

In der Kommunikation mit ihr könnte man sachlich bleiben und strategisch mitgehen. Wer sich emotional einlässt, wird in den Strudel hineingezogen und ertrinkt oder aber hat genügend Luft, um am Ende des Strudels wieder aufzutauchen.

In der Vergangenheit gab es schlimme Erfahrungen. Wenn sie diese sinnvoll verarbeitet, kann sie frei werden und dabei Vertrauen und Hingabe kennenlernen.

## 6. Der belastete, duldende Typ

Der belastende, duldende Typ ist bei Frauen und Männern gleichermaßen zu finden. Dieser Typus ist durch innere Widerstände in Bewegung und Gefühl festgefahren und kann sich daher nicht genügend wehren. So gerät er schnell in eine Opferhaltung und lässt sich noch mehr aufladen, ohne seine Widerstände laut werden zu lassen. Wenn er einen Handlungsimpuls hat, kommt ein unbewusstes »Nein«. Die Gewohnheit des Opponierens macht ihn unbeweglich und für Veränderungen resistent. Daher wirkt er hoffnungslos und leidend.

Sein Körper ist komprimiert, gedrungen, nach unten gedrückt. Er sieht belastet und besiegt aus, hat eine dicke Muskulatur, ist halsstarrig und langsam.

In seiner Sprache äußert sich ein negatives Selbstbild. Daher ist er geneigt, sich anderen unterzuordnen: »Ich Armer, schau doch, wie sehr ich mich anstrenge, aber es geht nicht; bitte hab' Mitleid und liebe mich, weil ich so arm dran bin.« Auf diese Weise ärgert er andere und provoziert.

Seine bevorzugten Abwehrmuster sind Brüten, Fangarme ausstrecken, verbale Pfeile schießen.

Beispiele: Fred Feuerstein als geprügelter Hund, Loser und Lastenträger; der deutsche Michel mit Nachtmütze, der sich von der Obrigkeit alles gefallen lässt; die Witwe Bolte und Schneider Böck, die in Wilhelm Buschs Geschichten von Max und Moritz zum Schaden noch den Spott bekommen. Bill Murray wacht in »Und ewig grüßt das Murmeltier« jeden Morgen um sechs Uhr immer wieder in der gleichen verfahrenen Situation auf. Im Verlaufe des Films lernt er jedoch aus den vielen Wiederholungen, kann sich nach und nach befreien und bekommt im Happy End die begehrte Frau.

Das Defizit des belasteten, duldenden Typs entsteht aus seiner Scheu vor Verantwortung, vor Risiko und Konflikten. Freude, Würde, Unabhängigkeit und Selbständigkeit wurden der Harmoniebedürftigkeit geopfert. Er kann und will sich nicht abgrenzen.

Seine Stärken liegen in der Harmonie und Belastbarkeit. Er ist aufopfernd, hingebungsvoll, herzlich, loyal, ausdauernd, hartnäckig, dienstbereit, humorvoll.

In der Kommunikation mit ihm könnte darauf geachtet werden, dass er sich nicht gehänselt fühlt. Doch es tut ihm gut, wenn er bewusst herausgefordert wird. Er verträgt keine schnellen Vorschläge oder Forderungen, da diese mit dem inneren »Nein« beantwortet und nicht erfüllt werden.

Durch geduldiges Motivieren und in liebevollem Gespräch, in dem Widerstände erkannt und akzeptiert werden, kann eine Entwicklung einsetzen, die zunächst Schutz vor Eigensabotage benötigt. Eigenständige Impulse brauchen Bestätigung und die Sicherheit, dass sie gewünscht sind. Emotionale Abgrenzungen bringen ihn zu sich: »Wenn deinen Chef das nervt, ist das seine Sache, das brauchst du dir nicht so zu Herzen nehmen.« Seine innere Wut kann sich als positive Kraft entfalten. Bewusste Provokation kann ihm helfen, sich zu befreien, sich frei auszudrücken. Die Gewohnheit, sich unterzuordnen, kann er überwinden, indem er lernt, sich zur Geltung zu bringen.

## 7. Der ausdrucksvolle, klammernde Typ

Beim ausdrucksvollen, klammernden Typ zeigt sich ein Abwehrmuster, das von Frauen bevorzugt wird. Gefühle und Erlebnisse werden gewohnheitsmäßig übertrieben, um mehr Aufmerksamkeit zu bekommen und den Partner an sich zu binden. Ablehnung, Einsamkeit und unangenehmen Gefühlen will sie damit entgehen. Kopfweh könnte vorgetäuscht werden, um einer unangenehmen Begegnung auszuweichen. Dies wird jedoch nicht als Täuschung, sondern wie »in echt« erlebt und manifestiert, sodass der Körper tatsächlich diesen Schmerz oder sogar reale Krankheiten erzeugt.

Beim Körper ist die obere Hälfte schmal und fest, die untere Hälfte ist weich, rund, voll und besitzt breite Hüften. Im Zwerchfellbereich werden diese beiden Hälften voneinander getrennt. Die Schultern sind fest und die Arme uneffektiv. Durch Spannung im Nacken wird der Kopf angehoben. Der Rücken ist rigide und unnachgiebig. Eine ungleichmäßig verteilte Spannung drängt sporadisch zu unkontrolliertem Ausbruch. Der enge, kindliche Oberkörper über dem weiblichen Unterkörper zeichnet das Bild einer Kindfrau.

Ihre Sprache ist verführerisch, warm, liebevoll und empfänglich. Doch sie kann auch dramatisch werden, übertreiben und hohe Erwartungen äußern.

Bevorzugte Abwehrmuster sind oral saugen, leer schwätzen, neben sich stehen, hysterisch explodieren, Machtwillen zur Schau stellen.

Beispiele: Marilyn Monroe (»Happy Birthday, Mr. President«), Jessica Alba (»Der Glücksbringer«), Bill Kaulitz von Tokio Hotel (»Schrei, so laut du kannst«); klassische und moderne Prinzessinnen, z.b. Romy Schneider als Sissi, Julia Roberts als Pretty Woman; Barbie; Furien, Klageweiber.

Ihr Defizit besteht in echter Zuwendung ohne dramatisches Vorspiel, in echter Akzeptanz und Nähe, ohne sich dafür unterwerfen zu müssen. Es fehlen Vertrauen, Eigenverantwortung, Natürlichkeit, das Loslassen-Können von Traumvorstellungen (Märchenprinzessin) und Veränderungsbereitschaft.

Ihre Stärken liegen im Ausdruck; sie ist äußerst kommunikativ, attraktiv, phantasievoll, romantisch und harmonisch.

In der Kommunikation mit ihr wecken Fantasien und Visionen ihre Lust und Lebendigkeit und sollten danach mit der Realität in Kongruenz gebracht werden, da sonst Enttäuschung, Ablehnung und der Abbruch der Kommunikation erfolgen. Dramen und Übertreibungen könnten sanft entspannt und mit der Realität abgeglichen werden. Auch Erwartungen könnten erkannt und ausgesprochen, danach relativiert werden. Ähnlich wie beim Typ 5 kann sich eine Beziehungsfalle auftun, die entdeckt, entspannt oder umgangen werden kann.

Dieses Abwehrmuster löst sich durch die Verbindung zwischen oben und unten, zwischen Herz und Genitalien. Dadurch verschmelzen Erotik und Liebe miteinander zu einem größeren Ganzen.

## 8. Der unermüdliche, übergründliche Typ

Passivität bedeutet für ihn Verletzlichkeit, daher ist das Handeln des unermüdlich, übergründlichen Typs gut dafür geeignet, sich nicht verletzt oder weich fühlen zu müssen. Auch die weichen Gefühle anderer werden zurückgewiesen. Er ist kontrolliert, leistungsbereit, aktiv, verantwortungsbewusst und drängt vorwärts.

Sein Körper zeigt sich proportioniert, integriert und attraktiv. Dennoch gibt es eine Art Kettenhemdpanzerung, die den ganzen Körper relativ gleichmäßig umgibt. Der Kopf erhebt sich stolz, der Nacken ist steif, die Bewegungen sind bestimmt und hoch geladen.

In seiner Sprache ist er schnell, bestimmt und bestimmend. Er kritisiert, um nicht kritisiert zu werden. Er ist anspruchsvoll, wenig emotional, distanziert, dennoch schnell ärgerlich und aggressiv.

Seine bevorzugten Abwehrmuster sind verbale Pfeile schießen, sich durch Überheblichkeit isolieren, Machtwillen zur Schau stellen.

Beispiele dafür sind die fleißigen Angestellten, die auch bei einer Party über den Beruf reden, Sportler mit anstrengendem Trainingsprogramm, im Fußball der moderne Außenverteidiger mit viel Laufarbeit oder Servicepersonal mit hohem Anspruch an Leistung und Makellosigkeit.

Sein Defizit liegt im Spielerischen und Spaßigen. Es würde ihm gut tun, auch mal kindlich sein zu dürfen, anstatt nur durch Leistung Liebe und

Aufmerksamkeit anzustreben. Es fehlt die Anerkennung für sein Selbst und die Erlaubnis, weiche Gefühle haben und zeigen zu dürfen.

Seine Stärken sind das schnelle Handeln, Leistungsfähigkeit, das Übernehmen von Verantwortung und das unermüdliche Arbeiten. Er denkt auch schnell, ist beziehungsfähig, erfolgreich, unternehmenslustig, extrinsisch kompetent.

In der Kommunikation mit dem unermüdlich, übergründlichen Typus kann seine Schnelligkeit im Denken und Handeln die Kontaktaufnahme erleichtern, besonders wenn sein Fachgebiet angesprochen wird, über das er sich selbst gerne definiert.

Es bestärkt ihn, wenn seine Fähigkeiten und Leistungen anerkannt werden. Für eine nachhaltige Zusammenarbeit oder gar eine echte Beziehung ist es jedoch entscheidend, den Punkt zu sehen, an dem sich der Leistungswille verselbständigen möchte, um tiefere und weichere Empfindungen wie Schmerz und Trauer über Zurückweisungen zu übertönen und somit weiterstürmen zu können. Eine Integration der tieferen Schichten ist jedoch für den wirklich erfolgreichen Ablauf eines Projektes oder einer Beziehung essenziell.

Dieser Typus kann sich aus der Falle seiner unermüdlich andauernden Tätigkeiten befreien, indem er sich tief entspannt, weichere Gefühle kommen lässt und damit eine Verbindung zwischen Herz und Genitalien aufbaut, in der Liebe und Sex den gleichen Stellenwert bekommen.

# 5. Sie haben es in sich!
## Körperhaltung und Bewusstsein

### Körperhaltung

Entscheidend für den Körper sind Haltung, Energiefluss und Lebendigkeit [2] [13] [14]. Ein natürlich aufgerichteter, zentrierter und vitaler Körper kann durch bewusstes Training erworben und gepflegt werden, verbunden mit Reinigung, Entspannung, immerwährender Neuorganisation und Ausgleich. Je weiter ein Körper von seiner natürlichen Ausrichtung entfernt ist, umso drastischer und langwieriger sind die Maßnahmen, bis er wieder ausgeglichen ist.

### Energieniveau

Doch je mehr sich ein Körper auf natürliche Weise aufrichten kann [16], umso gesünder, attraktiver, leistungsfähiger wird er; sein Energieniveau und seine Ausstrahlung steigen an.

### Kann ein Energieniveau bestimmt oder erspürt werden?

Für die meisten von uns ist es leicht möglich, den physischen Körper wahrzunehmen. Aussagekräftige Hinweise auf das Energieniveau erhalten wir, wenn wir die Häufigkeit von Krankheiten, Kraft, Kondition, aber auch Flexibilität des Körpers, Farbe der Haut und Tonus des darunter liegenden Gewebes betrachten. Mit mehr oder weniger Übung und zunehmender körper-seelisch-geistiger Offenheit ist es jedoch auch möglich, das elektromagnetische Feld um den physischen Körper herum zu spüren.

Es gibt Menschen, die ihre eigene »Energie« spüren, hören oder sehen können, und dann auch die Energie anderer [15]. Manche Menschen nehmen eigene und fremde Energieniveaus wahr als Kribbeln, Wärmeempfinden, als körperlich spürbare Empfindung eines elektromagnetischen Feldes.

Je deutlicher diese den physischen Körper erweiternde Art des Wahrnehmens wird, umso klarer können wir unterscheiden, was uns gut tut, wo und mit wem wir uns wohlfühlen, welche Wege die richtigen für uns sind. Dann lernen wir aus guten und schlechten Erfahrungen das, was uns »energetisch« weiterbringt.

Vielleicht wissen Sie, was Ihnen schmeckt und was nicht. Dieses Wissen, welche Speise Ihnen schmeckt, erhalten Sie normalerweise von den Sinnesorganen Ihres physischen Körpers.

Genauso können Sie herausfinden, was Ihr Energieniveau hebt, was Ihren energetischen Körper stärkt und ausbildet, indem Sie sich in ihn einfühlen, ihn wahrnehmen und sich mit ihm identifizieren.

Wenn Sie sich die Zeit nehmen, sich selbst zu spüren, beim Spazierengehen, Musikhören, beim Kuscheln und Liebe-Machen [17], können Sie spontan oder absichtlich das Fließen der Energien, ihr Wabern, ihr Auf- und Abschwellen und eventuell das Verschmelzen mit den Energien eines Partners erleben. Dieses Erleben bekommt eine Chance, wenn der Verstand in den Hintergrund und dafür Gefühle und Körperbewusstsein in den Vordergrund treten.

Das kann eine wunderschöne Erweiterung einer Beziehung sein. Wenn es intimer wird, arbeiten Sie, wenn möglich, nicht auf den ultimativen Reiz des Orgasmus hin, sondern spüren Sie die Erregung im ganzen Körper und erleben Sie, wie der Energiekörper sich ausdehnt, wie Gefühle

und Gedanken mitschwingen und das ganze Sein in Ekstase gerät. Vielleicht wird Ihnen diese energetische Ekstase, die auch bei Männern lange andauern kann [18], so angenehm, dass Sie den körperlichen Orgasmus hinausschieben oder ganz vergessen. Rein körperliche Orgasmen entspannen den physischen Körper zwar, entladen jedoch den energetischen Körper.

Das Halten oder Bewegen der Energie im »Energiekörper« (vgl. Übung auf den Seiten 93f), verbunden mit einer so genannten »offenen Atmung«, einer gelösten Atmung, ist eine der effektivsten Methoden, gesund und glücklich zu sein, den Körper zu pflegen, so oft wie möglich angenehme Gefühle zu erleben, sich sanft und hingabefähig, aber auch stark und geschützt zu fühlen. Das Immunsystem und alle Organe werden gekräftigt, die Gedanken werden heller und freundlicher. Der Beruf profitiert davon, der Partner, die Familie, die Umgebung, die Erde, das Universum, Gott, alles.


**Bewusstseinszustände**


Wie geht es Ihnen? »Gut« oder »es geht so«? Wer eine gehaltvolle Antwort auf diese oft von echtem Interesse begleitete Frage geben möchte, könnte etwas genauer schildern, welcher Bewusstseinszustand gerade herrscht, zum Beispiel: »Ich bin ruhig« oder »Ich bin ein bisschen aufgeregt« oder »Ich bin wach und präsent, seitdem ich diese Musik gehört habe«.

Das Bewusstsein fließt frei und folgt dennoch unterschiedlichen Kanälen, wodurch es in die Schichten gelangt, die seinen momentanen Schwingungen entsprechen. Wenn Sie müde und hungrig nach Hause kommen, stellt sich Ihr Bewusstsein vermutlich auf Essen und Ausruhen ein, nach einem Liebesfilm vielleicht »auf Nähe«. In welchen Zustand kommt Ihr Bewusstsein an einem schönen Platz, bei angenehmer Musik oder in wohltuender Stille? So wie wir täglich den Körper reinigen, kann auch das Bewusstsein gereinigt und neu ausgerichtet werden, wie ein wertvolles Instrument mit eigenständiger Intelligenz. Das könnte mit Musik geschehen, die das Bewusstsein wirklich anreichert (zum Beispiel von Mozart), mit Ruhe, Stille oder einem guten Buch.

Bei der Messung von Gehirnströmen wurden verschiedene Wellenbereiche gefunden, die unterschiedliche Bewusstseinszustände der Testpersonen aufzeigten: Deutlich heben sich ruhige, langsame Bereiche ab von schnelleren, diffuseren.

## Alltagsbewusstsein

Der Bewusstseinszustand mit den unruhigen Gehirnwellenmustern wird Alltagsbewusstsein genannt. Viele Menschen befinden sich hauptsächlich in diesem Zustand.

Routinemäßige Handlungen, Gedankengänge und gewöhnliche Gespräche ohne große Tragweite sind dafür charakteristisch. Die Wahrnehmung ist eingeengt auf Notwendiges, leicht zerstreut oder erst gar nicht recht vorhanden. Die Stimmung hängt ab vom Wetter, von anderen Menschen und äußeren Ereignissen, wie auch in Kapitel 1 mit den Bildern der guten und schlechten Zeiten dargestellt.

Schöne Erlebnisse, Erfolg oder eine gute Mahlzeit heben die Stimmung, schlechte Ergebnisse und Misserfolg erzeugen Stress und Unbehagen. Die an sich positive Kraft von Emotionen wird dann unterdrückt oder schlecht genutzt. Der Körper verliert Energie und wird bestenfalls durch Erfrischendes wieder aufgefüllt und im Schlaf regeneriert. Wenn die Zeit fehlt, kann sich der Organismus nicht erholen, er wird zum schnellen Genuss gar hochgereizt und ausgesaugt. Die Auswirkungen zeigen sich nach Jahren oder Jahrzehnten durch Krankheiten oder sogenannte Alterserscheinungen, die als unabänderlich hingenommen werden.

So gesehen ist es erstaunlich, dass viele Menschen beinahe ausschließlich in diesem Bewusstseinszustand verweilen, sich voll damit identifizieren, mit einem normalen Leben zufrieden sind oder sich damit abgeben. Gewohnheiten und kollektive Ereignisse bestimmen ein solches Leben. Dieser Mensch nutzt dann etwa 2% seines tatsächlichen Potentials.

### Erweitertes Bewusstsein und Kreativität

Möchten Sie auf einfache und natürliche Weise in ein erweitertes Bewusstsein eintreten, in dem Ihre Fähigkeiten und Talente mehr und mehr zum Tragen kommen? Vielleicht erinnern Sie sich an eine Situation, in der Sie – anscheinend wie von selbst – über ein erweitertes Denken, außergewöhnliche Geschicklichkeit, hohe Sensibilität oder zusätzliche Kräfte verfügten?

Es gibt Geschichten von Müttern, die plötzlich über extreme Kräfte verfügen, etwa um ein Auto hochzuheben, weil ihr Kind darunter eingeklemmt war, oder von Forschern, die im Traum Erfindungen machten, die real umsetzbar waren. Haben Sie beim Wandern schon mal die Weite erlebt, als die Landschaft den Blick freigab? Manchmal öffnet sich etwas beim Anblick eines Menschen, eines Kunstwerkes, beim Hören einer speziellen Musik, beim Singen und Musizieren oder an einem heiligen Ort. Vielleicht verfügten Sie in diesem Moment über ein besonderes Feingefühl oder bekamen eine ungewöhnliche Idee.

Wenn in dieser Situation ein entsprechendes Messgerät angeschlossen wäre, könnten Sie sehen, wie sich die Charakteristik der Gehirnwellen verändert, wie die Ausschläge langsamer, voluminöser und klarer werden.

In derartigen Momenten geht die vorher kontrollierende oder ablenkende Verstandestätigkeit in den Hintergrund. Sie verschwindet ganz oder tritt in den Dienst eines größeren Ganzen, dessen Informationen sie nun transportiert. Gefühle und Empfindungen, feinere Wahrnehmungen werden deutlicher, der Atem wird ruhiger und kräftiger, der Körper entspannt sich. Von außen oder innen kommende Informationen werden nun ganzheitlich aufgenommen und verarbeitet. Intuition und Organsysteme, Kreativität und Produktivität wirken optimal zusammen.

Ein erweitertes Bewusstsein kann nicht nur in zufälligen Augenblicken oder durch Drogen erreicht werden. Jeder Mensch kann mit Anleitung und durch eigenes Training diesen hohen Zustand erreichen.

Dieser Zustand wird durch Entspannung erreicht, in der Stille, aber auch durch Aktivität, in Bewegungen und Tätigkeiten, die nicht mechanisch durchgeführt werden, sondern zentriert, ausgeglichen, wach und mit voller Aufmerksamkeit.

Ein erweitertes Bewusstsein denkt anders, ruft andere Erinnerungen ab, und kommt somit zu völlig anderen Ergebnissen als derselbe Mensch unter Stress oder einseitigen Bedingungen.

Wenn ein Mensch sein Bewusstsein pflegt und regelmäßig öffnet (Kapitel 3), wird sein Organismus gesund, kräftig und leistungsfähig. Dieser Mensch besitzt Ausstrahlung und eine starke Lebensenergie, die mit Krisen und Erfolgen spielend fertig wird.

## Tipps für ein besonderes Erlebnis:

*Wählen Sie einen geeigneten Termin, an dem Sie frei und möglichst unbelastet sind. Das könnten zwei Stunden am Abend oder am Wochenende sein. Überlegen Sie schon vorher, welcher Ort dafür geeignet wäre (draußen oder drinnen) und welches Medium Sie einsetzen möchten: Natur, Musik (z.B. die CD GEN Evolution), Farben, Licht, ein schöner Platz für etwas Bewegung, zum Sitzen oder Liegen, eventuell dezente Düfte und Wasser zum Trinken. Befreien Sie sich von möglichen Ablenkungen wie Telefonen, Geräuschen oder hereinplatzenden Personen.*

*Zu Beginn Ihres Termins mit sich selbst legen Sie bewusst alles ab, was Sie jetzt nicht benötigen, etwa zu enge Kleidung und alltägliche Gedanken. Spüren Sie in sich hinein, achten Sie auf Ihren Körper und Ihre Atmung.*

*Lassen Sie sich nun von dem, was Sie vorbereitet haben, zu sich selbst führen. Bleiben Sie in sich und achten Sie auf alles, was geschieht. Haben Sie jedoch keine Erwartungen, vielleicht geschieht auch nichts und Sie ruhen sich einfach aus. Sie können bewusster atmen und tiefer in Ihren Körper hineinspüren, mit der Musik, Ihren Bewegungen oder Ihrer Wahrnehmung verschmelzen. Je mehr Sie sich atmend im Körper loslassen, umso weiter wird Ihr Bewusstsein. Genießen Sie 20, 30 oder gar 90 Minuten lang diesen Zustand und kommen Sie anschließend langsam in Ihr Alltagsbewusstsein zurück.*

*Vielleicht wollen Sie jetzt etwas aufschreiben, malen oder mit jemandem sprechen, etwas in die Wege leiten. – Sind Sie an innere Grenzen gekommen, bei denen es nicht mehr weiter oder doch in anderer Weise weiter ging? Kamen Erinnerungen, Gedanken, Bilder aus Ihrem Inneren?*

*Sie könnten eine derartige Erfahrung auch mit einem vertrauten Menschen planen und durchführen oder mit einer ganzen Gruppe erleben. Wenn Sie sich lieber von einer erfahrenen Person anleiten und begleiten lassen möchten, können Sie sich auch gerne an die Autoren dieses Buches wenden.*

## Intuition, Hingabe und höheres Bewusstsein

Höheres Bewusstsein ermöglicht einen Einblick in die Gestaltungsprozesse des Übergeordneten und die Mitwirkung dabei. Das wird auch Co-Kreation genannt.

Was früher als Zauber und Mystik belächelt oder gefürchtet wurde, kann heute wissenschaftlich erforscht und genutzt werden[9]. Daher wird das 21. Jahrhundert auch als Zeitalter der Information bezeichnet, im Gegensatz zu früheren Jahrhunderten, in denen die Erforschung der Stoffe (z.B. Penicillin) und Energien (z.b. Atomkraft) im Vordergrund standen. Heute geht es um Informationen, etwa bei der Aufschlüsselung der DNS oder bei digitalen Bild-, Ton- und Datensignalen und deren Übertragung, zum Beispiel im Internet.

Erst in diesem Jahrhundert wird uns so richtig bewusst, welche Wirkung Informationen haben. Wir stehen erst am Anfang ihrer Erforschung in Medizin, Psychologie, Wirtschaft und Politik. In allen genannten Gebieten wurden Menschen in der Vergangenheit mit Angst erzeugenden Informationen (»nur zu deinem Wohle«) kontrolliert, eingeschränkt und in ihrem Bewusstsein erniedrigt. Und sehr viele Menschen unterliegen auch noch heute dem kraftraubenden Diktat von Angst und Stress, was wiederum »den inneren Antreiber« auf den Plan ruft.

Um diesen Teufelskreis von Angst, Korruption, Gewalt und Krankheit zu beenden, ist es für uns alle sehr wichtig, dass wir erkennen, wann wir gestresst sind. Stress lässt sich nicht immer vermeiden und stellt in manchen Situationen sogar eine Kraft bereit, um Hindernisse zu überwinden und Ziele zu erreichen. Doch wenn es um Entscheidungen geht oder wenn es gar um lebenswichtige Entscheidungen geht, um Entscheidungen in Beruf oder Familie, sollten wir sicherstellen, dass wir diese nicht aus Angst treffen.

Dafür sind drei Punkte entscheidend:

1. Lernen Sie zu unterscheiden, wie es ist, wenn Sie angespannt und wahrscheinlich später erschöpft sind und wie es ist, wenn Sie gelöst, ausgeglichen und wach sind.

2. Lernen Sie eine Methode, mit der Sie den Stress herunterfahren und Ihre inneren Kräfte konstruktiv mobilisieren. Das könnten der Energiekreislauf und die heilenden Laute [19] sein, die Sie anschließend kennenlernen und ausprobieren können.

3. Angst ist kein guter Ratgeber! [20] Treffen Sie wichtige Entscheidungen in einem Zustand des erweiterten Bewusstseins.

Zusätzlich können Sie Ihr Bewusstsein anheben und geeignete Informationen in das sogenannte »morphogenetische System« [26] einspeisen, ein kollektives Informationsnetz, das von jedem und jeder kontaktiert werden kann, der fähig ist, Resonanz dazu aufzubauen. Die ausgestrahlten Informationen sollten klar, positiv und authentisch sein.

Diese Verbindung zum kollektiven Bewusstsein wird in allen Religionen und spirituellen Systemen durch unterschiedliche Rituale (Anhebung des Bewusstseins) gelehrt und zunehmend auch wissenschaftlich anerkannt.

Es ist an der Zeit, dass wir alle unser geistiges Wissen zusammenfassen und die Kriege beenden. Und das beginnt im Bewusstsein von jedem einzelnen Menschen, das beginnt jetzt.

Die Anhebung des Bewusstseins geschieht durch das Loslassen begrenzender Haltungen, einer aktiven Absichtserklärung und Hingabe an das Größere, Übergeordnete. Diese aktive Absichtsbekundung und ein hingebungsvolles Sich-zur-Verfügung-Stellen interagieren miteinander wie Mann und Frau, wenn sie sich wirklich aufeinander einlassen. Sie ergänzen sich und stimmen sich ab.

Je feiner diese Abstimmung möglich ist – wie in einer guten Beziehung –, desto feiner wird auch die Wahrnehmung. Dann entsteht eine Wahrnehmungsfähigkeit über die Sensoren jeder einzelnen Zelle im Menschen hin zum Ganzen. So entsteht bei jedem, der sich für das höhere Bewusstsein öffnet, ein Impuls – wie bei Noah, als er die Informationen, die er empfing, ernst nahm und sich entschloss, die Arche zu bauen. Wenn derartige Impuls gebende Informationen wahrgenommen und verstanden werden, kann eine mühelose Bewegung entstehen, die trägt und viel bewirkt.

Die Informationen höherer Bewusstseinsebenen können manchmal nicht verbal ausgedrückt werden, jedoch durch Poesie, mit Musik, Farben oder Licht; so kommen sie über verschiedene Kanäle und Felder zum Empfänger. Die Informationsimpulse dieser Ebenen kommunizieren miteinander, versetzen Moleküle in Schwingung und erzeugen Resonanz. Dies ist die Ebene des Erschaffens und des Verstehens jenseits aller Erklärungen.

***Impuls:***

*Schreiben Sie einen Herzenswunsch in einem klaren, positiven Satz auf ein Blatt Papier und legen Sie dieses an einen kraftvollen Ort. Wie gefällt Ihnen einer der folgenden Sätze?*

*»Ich erlebe mehr Freude, Liebe und Leichtigkeit.«*
*»Unser Unternehmen floriert.«*
*»Ich finde die geeignete Partnerin.«*
*»Mein Mann versteht mich besser und kommt mir näher.«*

## Der Energiekreislauf

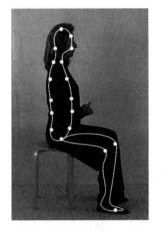

Eine wunderbare Möglichkeit, das Energieniveau zu heben und dauerhaft auf einem hohen Niveau zu halten, ist die Aktivierung des inneren Energiekreislaufes [19] (siehe unsere DVD, mehr dazu auf S. 191). So wie wir einen Blutkreislauf in unserem Körper haben, gibt es auch einen energetischen Kreislauf, der im Beckenboden beginnt, durch die Wirbelsäule nach oben fließt und die vordere Körperseite hinunterströmt.

Diese inneren Energieströme sind die Hauptbahnen von zwölf Akupunktur-Meridianen, welche in der traditionellen chinesischen Medizin bereits seit Hunderten von Jahren als Energiespeicher bekannt sind. Sie versorgen den ganzen Körper mit dem »Chi«, der Lebensenergie.

Voraussetzung dafür ist eine freie und bewegliche Wirbelsäule, damit diese Energie ungehindert fließen und sich ausdehnen kann. Mögliche Blockaden in den Energiebahnen, die das Energieniveau reduzieren, können auf die unterschiedlichste Art und Weise entstehen. Einerseits durch äußere Einflüsse auf den Körper wie beispielsweise Operationen oder Unfälle, andererseits jedoch auch durch verdrängte Gefühle und Empfindungen, die sich dann als Spannungen, etwa im Nacken oder Becken bemerkbar machen. Durch andauernde, meist unbemerkte Kontraktionen aufgrund von Sorgen, Ängsten und negativen Zukunftsgedanken wird der Energiefluss im Organismus reduziert. Das daraus resultierende niedrigere Energieniveau führt auch zu einer emotionalen Abwärtsspirale. Gelingt es jedoch, den Energiefluss wieder zu intensivieren, so können Spannungen abgebaut und Emotionen besser verarbeitet werden.

Als Beate bei einem Autounfall die gesamte Wirbelsäule verletzt hatte, wurde sie bereits im Jahre 1987 von ihrem damaligen Arzt mit Akupunktur und der Aktivierung innerer Lebensenergien behandelt, wodurch der Heilungsprozess ein Jahr früher abgeschlossen war und ein neues Lebensgefühl in ihr völlig neue Wege eröffnete.

Vor Jahrtausenden entdeckten die alten Tao-Meister durch innere Beobachtungen die Energiezentren im Körper. Dazu wurden in der Meditation äußere Reize ausgeschaltet und die inneren Sinne aktiviert.

Sie entwickelten Techniken, um mit der Kraft des Geistes und dem inneren Auge diese Energiezentren zu verbinden und das Chi durch den dabei entstehenden Kreislauf zu lenken. Damit heilten sie und schufen die Grundlage ihrer spirituellen Arbeit. Diesen Kreislauf, der die Energiezentren innerlich wie ein Pfad verbindet, nennen wir heute den kleinen Energiekreislauf.

Der kleine Energiekreislauf besteht aus zwei Hauptbahnen, dem Lenker- und dem Dienergefäß. Das Lenkergefäß verläuft vom Damm (die Region zwischen dem After und den äußeren Geschlechtsorganen) über die Wirbelsäule hinauf zum Kopf bis in den Gaumen. Das Dienergefäß beginnt am Perineum (dem Damm), verläuft auf der Vorderseite des Körpers nach oben und endet in der Zungenspitze. Durch das Berühren des Gaumens mit der Zungenspitze sind die beiden Kanäle miteinander verbunden und der Kreis geschlossen.

Dieser Energiekreislauf ist wie ein riesiger Energiespeicher, der den ganzen Körper mit Chi versorgt. Von diesem Kreislauf aus gehen die Energien in alle Kanäle einschließlich aller zwölf Meridiane. Somit sind alle lebenswichtigen Organe miteinander über den Energiekreislauf verbunden und erhalten hierüber das lebensspendende Chi.

## *Die Übung des Energiekreislaufes*

*Mögen Sie die Gelegenheit nutzen und diesen Energiekreislauf gerade jetzt aktivieren? Es geht ganz leicht, da er ja sowieso schon fließt. Lesen Sie einfach weiter und schauen Sie sich dabei zu, wie er vor Ihrem inneren Auge deutlicher und stärker wird. Damit wird mehr Lebensenergie freigesetzt. Haben Sie Lust? Auf der Abbildung (Seite 93) sehen Sie den Weg des Kreislaufes und die Bezeichnungen für die einzelnen Stationen, auf welche wir nun die Aufmerksamkeit lenken. Sie werden jetzt Schritt für Schritt weitergeführt:*

*Beginnen Sie, ganz ruhig in den Unterbauch ein- und auszuatmen. Atmen Sie ruhig und deutlich, bis Sie Ihren Bauchraum in sich spüren (Station 1). Am besten setzen Sie beide Füße auf den Boden und spüren, wie Sie atmen und wie Ihre Füße den Boden berühren (Station 2). Wenn Sie eine Weile dabei bleiben, könnte es sein, dass Ihnen die Fußsohlen bewusster werden und diese zu kribbeln beginnen. Sie können sich auch vorstellen, dass unter Ihren Fußsohlen Wurzeln in die Erde wachsen, sodass Sie fest verankert sind.*

*Wie fühlt sich das an?*

*Wandern Sie nun mit Ihrer Aufmerksamkeit von den Fußsohlen hinauf durch die Unterschenkel, durch die Oberschenkel hindurch bis in Ihr Becken hinein und spüren Sie den Beckenboden. Um ihn zu spüren, können Sie die Gesäßmuskeln, den Damm oder den Anus leicht zusammenziehen (Station 3).*

*Das Fließen der Energie wird stärker, wenn Sie Ihre Aufmerksamkeit und den Atem dorthin lenken. Stellen Sie sich also vor, dass Sie auch in Ihren Beckenboden atmen können und vielleicht spüren Sie dann sogar, dass es wärmer wird oder leicht pulsiert.*

*Nun geht die Aufmerksamkeit durch das Kreuzbein hinauf zu dem soge-*
*nannten »Tor des Lebens« (Station 4), direkt gegenüber dem Nabel.*

*Während Sie weiteratmen, können Sie sich vorstellen, dass Sie vom Bauch-*
*nabel hindurch nach hinten atmen können, so als würde der Körper total*
*durchlässig sein. Bleiben Sie einen Moment dabei ...*

*Und nun fühlen Sie Ihren Atem, Ihre Fußsohlen, Ihren Beckenboden, das*
*Tor des Lebens am besten gleichzeitig oder kurz nacheinander.*

*Dann gehen Sie mit Ihrer Aufmerksamkeit die ganze Wirbelsäule hinauf*
*bis zu dem größten Nackenwirbel (Station 5), der Schultern und Hals*
*miteinander verbindet. Wenn Sie den Atem mit zu Hilfe nehmen, dann*
*kann sich das anfühlen, als würden Sie mit einem tiefen Einatmen den*
*ganzen hinteren Kanal durch die Wirbelsäule hinauf atmen.*

*Und dann gehen Sie weiter hinauf bis zu Ihrem Scheitel (Station 6). Vielleicht*
*ist es hilfreich, jetzt für einen Moment die Augen zu schließen und den*
*Atem hinauf in den Kopf zu ziehen.*

*Während Sie weiterlesen, fühlen Sie, wie Ihre Fußsohlen den Boden be-*
*rühren. Atmen Sie nun bewusst weiter und spüren Sie zusammen mit Ih-*
*ren Füßen auf dem Boden gleichzeitig Ihren Beckenboden, Ihren Bauch-*
*raum und die ganze Wirbelsäule hinauf bis zum Scheitel.*

*Dann führen Sie bewusst Ihre Zungenspitze hinter die Schneidezähne an*
*den Obergaumen (Station 7) und stellen sich vor, dass jetzt die Energie*
*vom Scheitel durch die Zunge, durch den Hals, durch den Brustraum, den*
*Bauchraum wieder hinunter zum Beckenboden fließt.*

*Somit haben Sie den Kreislauf vollendet.*

Sie können nun diesen Zyklus wiederholen und diesen mit Ihrem Atem und Ihrer Aufmerksamkeit führen, so oft Sie mögen. Irgendwann werden Sie das Gefühl haben, dass es genug ist. Dann bleiben Sie einfach eine Weile noch in der Ruhe sitzen und genießen den gelassenen Zustand, der sich möglicherweise eingestellt hat.

Wenn Sie diese Übung lieber unter Anleitung durchführen, nehmen Sie die DVD »Intrinsische Kompetenz«, die wir hierfür produziert haben. Auf dieser DVD sehen Sie den Energiekreislauf und hören gleichzeitig die Stimme von Beate Nimsky, die Sie durch die einzelnen Stationen führt. Zusätzlich befindet sich auf der DVD auch eine MP3-Datei, die Sie herunterladen und hören können, wenn Sie unterwegs sind.

## Die sechs heilenden Laute

Ebenfalls vor Tausenden von Jahren entdeckten die taoistischen Meister bei der Meditation sechs Laute, deren Schwingungen die Organe in optimaler Verfassung halten, Krankheiten lindern oder erst gar nicht entstehen lassen. Sie fanden heraus, dass ein gesundes Organ in einer ganz bestimmten Frequenz schwingt und entwickelten zur Unterstützung der sechs Laute auch sechs Übungen, um die den Organen zugeordneten Meridiane zu aktivieren.

Die sechs heilenden Laute entgiften die Organe und bringen ihnen frische Energie, die zur Reinigung gebraucht wird. Sie fördern den Energiefluss und haben hierüber auch Auswirkungen auf die Bewegung und Beweglichkeit sämtlicher Muskeln. Ganz besonders werden negative Emotionen gelöst und umgewandelt, sodass innere Spannungen und Stress nachlassen.

Jedem Organ werden gemäß der traditionellen chinesischen Medizin bestimmte positive wie auch sogenannte negative Emotionen zugeordnet. So kennen wir dies auch in der westlichen Umgangssprache, dass wir fragen, wenn jemand ärgerlich ist: »Ist dir eine Laus über die Leber gelaufen?« Oder wir sprechen davon, dass ein bestimmtes Ereignis jemandem »auf den Magen schlägt«. Eine Übersicht mit diesen Zuordnungen finden Sie als »Tafel der Entsprechungen« (s. S. 106/107). Zu dem Thema der Gefühle kommen wir auch mit weiteren Impulsen in Kapitel 6.

Hier sind zunächst die Beschreibungen, wie einzelne Organe von ungewünschten Emotionen befreit werden können. Jedoch braucht es nicht unbedingt einen Anlass, um mit den Organen zu arbeiten. Täglich einmal eine Zuwendung oder eine am Wochenende – als Präventionsmaßnahme – helfen dabei, in der inneren Balance und Kraft zu bleiben. Das Energieniveau wird auf einer tiefliegenden inneren Schicht angehoben.

Idealerweise machen Sie jede der nachfolgend beschriebenen Übungen dreimal in der vorgegebenen Reihenfolge. Die beste Zeit hierfür ist abends vor dem Schlafengehen. So wird der Körper von den Ereignissen des Tages befreit. Schwierige Situationen können hierdurch nochmals bewusst gemacht und verabschiedet werden. Das Unterbewusstsein braucht sie somit im Schlaf nicht zu verarbeiten. Dadurch wird die Nachtruhe tiefer und erholsamer.

In Fällen, in denen es akute Probleme mit einem der Organbereiche gibt, kann der entsprechende Laut mehrmals täglich zehn- bis hundertmal wiederholt werden. Dies ist eine aktive Unterstützung für den Heilungsprozess.

Die hier aufgeführten Körperhaltungen und zugeordneten Töne wurden von dem Großmeister Mantak Chia übermittelt, mit dessen Einverständnis sie hier veröffentlicht werden.

## Lunge

Sie sitzen aufrecht und bequem auf einem Stuhl. Nachdem Sie mit Ihrer Lunge innerlich Kontakt aufgenommen haben, atmen Sie tief ein, führen dabei die Arme mit den Handinnenflächen zum Körper zeigend vor sich langsam nach oben über den Kopf hinaus, beugen den Kopf nach hinten, drehen die Handinnenflächen zur Decke und atmen ganz langsam auf den Laut »sssssssssss« aus.

Nach dem Ausatmen drehen Sie die Handinnenflächen wieder zu sich, atmen normal weiter und bringen die Hände langsam vor dem Oberkörper zu den Lungen und hinunter zu dem Bauchraum, während Sie in Ihre Lungen hinein lächeln und sich weißes Licht in den Lungen vorstellen.

Sie legen dann die Hände auf den Oberschenkeln ab und bleiben noch einen Moment in der Aufmerksamkeit bei Ihren Lungen.

## Nieren

*Wenn Sie auf dem Stuhl sitzend in aufrechter Haltung mit Ihren Nieren Kontakt aufgenommen haben, dann beugen Sie sich nach vorne, führen die ausgestreckten Arme um Ihre Knie, heben den Kopf an, und atmen mit dem Laut »tshuuuuuuu« langsam aus. Stellen Sie sich vor, dass Sie dabei eine Kerze ausblasen. Während des Ausatmens ziehen Sie den Bauch ganz nach innen ein und runden den Rücken an der Stelle der Nieren.*

*Nach dem Ausatmen setzen Sie sich wieder aufrecht, öffnen die Arme, sammeln um sich herum blaues Licht ein und führen Ihre Handflächen für einen Moment nach hinten zu den Nieren. Während Ihre Hände die Nieren berühren, lassen Sie in Ihrer mentalen Vorstellung blaues Licht wie Wasser in die Nieren hineinspülen. Sie lächeln in Ihre Nieren.*

*Dann bringen Sie Ihre Arme wieder in die Ausgangsposition und verbleiben noch einen Moment mit lächelnder Aufmerksamkeit in den Nieren.*

## Leber

*In aufrechter Haltung nehmen Sie zunächst innerlich Kontakt auf zu Ihrer Leber auf der rechten Körperseite. Sie öffnen dann die Arme zu beiden Seiten, führen Sie langsam nach oben bis über den Kopf. Sie verschränken die Finger ineinander und drehen die Handinnenflächen zur Decke.*

*Mit der rechten Hand drücken Sie mehr nach oben, sodass der rechte Arm und die rechte Körperseite gestreckt werden und sich leicht nach links neigen. Während Sie diese Dehnung durchführen, atmen Sie aus auf »schschschsch«.*

*Nach dem Ausatmen bringen Sie die Arme genauso wieder hinunter und führen Ihre Handflächen einen Moment zur Leber. Während Sie in die Leber hineinlächeln, visualisieren Sie grünes Licht.*

*Dann legen Sie die Hände wieder zur Ausgangsposition auf Ihre Oberschenkel und verbleiben noch einen Moment bei der Leber.*

## Herz

*Wenn Sie in aufrechter Position auf Ihrem Stuhl sitzen, nehmen Sie zunächst Kontakt zu Ihrem Herzen auf. Sie öffnen dann die Arme zu beiden Seiten und führen Sie langsam seitlich nach oben. Oberhalb Ihres Kopfes verschränken Sie die Finger ineinander und drehen die Handinnenflächen zur Decke.*

*Nun drücken Sie die linke Handinnenfläche mehr zur Decke nach oben, sodass der linke Arm und die linke Körperhälfte gedehnt werden und sich leicht nach rechts neigen. Während Sie die Dehnung ausführen, öffnen Sie den Mund und atmen langsam aus auf den Laut »haaaaaaaaaa«.*

*Nach dem Ausatmen schließen Sie die Augen, bringen die Arme wieder nach unten. Sie führen Ihre Handinnenflächen einen Moment lang vor das Herz und visualisieren sanftes, rotes Licht in Ihrem Herzen. Sie bringen dann langsam die Hände wieder hinunter zur Ausgangsposition und verbleiben noch einen Moment lächelnd in Ihrem Herzen.*

103

### Milz, Bauchspeicheldrüse, Magen

In aufrechter Sitzposition nehmen Sie Kontakt auf mit dem Bereich von Magen, Bauchspeicheldrüse und Milz. Sie führen dann Ihre Hände zur linken Seite unter die Beugung des Rippenbogens und drücken mit dem Ausatmen leicht unterhalb des Rippenbogens nach innen. Während Sie nach innen drücken, atmen Sie aus auf den gutturalen, aus der Kehle stammenden Laut »huuuuuuuu«.

Nach dem Ausatmen setzen Sie sich wieder aufrecht hin, behalten einen Moment Ihre Hände vor dieser Region und visualisieren innerlich ein leuchtendes Gelb, während Sie in die Organe hineinlächeln.

Dann bringen Sie zur Beendigung Ihre Handinnenflächen wieder hinunter auf die Oberschenkel und verbleiben noch einen Moment in lächelnder Aufmerksamkeit in Ihren Organen.

## Der dreifache Erwärmer

*Sie sitzen aufrecht auf Ihrem Stuhl. Sie öffnen die Arme seitlich nach oben und bringen sie etwas über den Kopf. Die Handinnenflächen schauen nach unten, die Fingerspitzen sind zueinander gerichtet. Sie atmen tief ein und mit dem Ausatmen lassen Sie die Arme vor Ihrem Körper hinuntergleiten bis zu den Knien, während Sie auf den Laut »hiiiiiiiiiiiiiiiiii« ausatmen. Dieses Hinuntergleiten vor Ihrem Körper ist wie das Reinigen der Aura im Außen und harmonisiert alle Organe im Inneren.*

*Sie lassen für einen Moment Ihre Arme an den Seiten hinunterhängen. Visualisieren Sie, dass alle verbrauchte Energie aus den Fingerspitzen und den Fußzehen in die Erde abfließt. Mit dem Einatmen füllen Sie sich auf mit goldenem Licht.*

*Zur Beendigung der Übung bringen Sie die Hände wieder in Ausgangsposition auf Ihre Oberschenkel.*

*Diese Übung für den dreifachen Erwärmer kann ebenfalls im Liegen durchgeführt werden. Die liegende Position hilft sehr gut bei Einschlafschwierigkeiten.*

## Tafel der Entsprechungen

| Element | Metall | Wasser |
|---|---|---|
| Hauptorgan (tsang) | Lunge | Nieren |
| Nebenorgan (fu) | Dickdarm | Blase |
| Körperteile | Brust, Innenseite der Arme | Brust, Innenseite der Beine, Seite des Fußes |
| Finger | Zeigefinger | kleiner Finger |
| Gewebe, Flüssigkeiten etc. | Schleimhäute, Haut | Knochen |
| Sinnesorgan | Nase | Ohren |
| Sinn | riechen | hören |
| Geschmack | scharf | salzig |
| Jahreszeit der größten Aktivität | Herbst | Winter |
| Tageszeit | Abend | Nacht |
| Stunde: tsang (fu) | 3–5 (5–7) | 17–19 (15–17) |
| Klima | Trockenheit | Kälte |
| Positive Emotionen | Rechtschaffenheit, Mut, Leere, Loslassen, Anpassungsfähigkeit | Sanftheit, Gelassenheit, Wachheit, Stille |
| Negative Emotionen | Trauer, Depression, Kummer | Furcht, Angst, Stress |
| Gefühlsäußerung | weinen | stöhnen |
| Heilender Laut | »sssssss« | »tschuuuh« |
| Artikulation des Lautes | Zunge hinter den Zähnen | Lippen gerundet wie beim »O« |

| Holz | Feuer | Erde | (Feuer) |
|---|---|---|---|
| Leber | Herz | Milz | Perikardium* |
| Gallenblase | Dünndarm | Magen, Bauch-speicheldrüse | Drei Erwärmer |
| Innenseite der Beine, Leisten, Zwerchfell, Rippen | Achselhöhlen, Innenseite der Arme | Gesicht, Brust, Seiten der Beine, Leisten | Schläfe, Außen-seite der Arme, Ohrengegend |
| Ringfinger | Mittelfinger | Daumen | |
| Sehnen und Faszien, Nägel | Blut, Schweiß | Muskeln | |
| Augen | Zunge | Mund, Lippen | |
| sehen | reden | schmecken | |
| sauer | bitter | süß | |
| Frühling | Sommer | Spätsommer | |
| Morgen | Mittag | Nachmittag | |
| 1–3 (23–1) | 11–13 (13–15) | 7–9 (9–11) | 19–21 (21–23) |
| Wind | Hitze | Feuchte | |
| Freundlichkeit, Phantasie, Tatkraft | Freude, Liebe, Glück, Ehre, Respekt, Krea-tivität, Enthusi-asmus, Geist, Ausstrahlen, Konzentration, Einsicht, Selbst-bewusstsein | Ausgeglichen-heit, Offenheit, Mitgefühl, Nachdenken, Musikalität, Gerechtigkeit | |
| Ärger, Zorn, Wut, Aggressivität | Ungeduld, Hek-tik, Launenhaftig-keit, Grausam-keit, Arroganz | Sorgen, Grübeln, Mitleidigkeit | |
| rufen | lachen | singen | |
| »schhhhh« | »hhaaaa« | »hhuuuu« | »hiiiiii« |
| Zunge nahe am Gaumen | Mund weit geöffnet | aus der Kehle heraus | aus der Brust heraus |

* Herzbeutel

# 6. Folgen Sie der erotischen Spur: Gefühle sind Wegzeiger

## Gefühle

Gefühle sind Lebensströme und machen einen wesentlichen Teil unserer Lebendigkeit aus. Auch in gefährlichen oder heiklen Situationen sollten sie keineswegs unterdrückt, sondern als Verbündete verstanden und eingesetzt werden. Vielleicht ist es nicht immer richtig, Wut und Frustration dem Vorgesetzten, Mitarbeiter oder Kunden gegenüber zu zeigen oder die Angst genau dann hochkommen zu lassen, wenn man überwältigt werden könnte. Argumente, die eine Unterdrückung oder Ignoranz von Gefühlen notwendig erscheinen lassen, gehören jedoch zu den Mechanismen des Verstandes, der damit seine beständige Kontrolle der Emotionen aufrechterhalten will.

In Wirklichkeit können auch extreme Gefühle meistens konstruktiv ausgedrückt und verwendet werden. Normalerweise schwingen Gefühle von einem Zustand zum anderen, von Lust und Entschlossenheit zu Freude, Engagement und Liebe, zu Sanftmut, Zartheit, Melancholie bis zu Ruhe und Stille. So genannte negative Gefühle wie Verzweiflung, Angst und Hass können akzeptiert, verstanden, erlöst und transformiert werden. Mit Gefühlen kann gemalt, musiziert, geschrieben, geliebt und gearbeitet werden. Nur Ignoranz und Unterdrückung tut ihnen nicht gut.

Je mehr ein Mensch seine Gefühle unterdrückt, umso mehr Stress, Laschheit, Widerstände und Beschwerden schleppt er mit sich herum und umso drängender wird es, sich mit ihnen zu beschäftigen. In unserem westlichen Kulturkreis, der durch Werke von Goethe, Schiller, Bach und Mozart geprägt wurde, gehören Wahrnehmung und Ausdruck von Gefühlen zu einem vollen, erfüllten Leben. Emotionale Intelligenz hat im Beruf und im Privatleben eine große Bedeutung; sie kann entwickelt und verbessert werden. Goethe nannte dies Herzensbildung.

## Integration von Gefühlen und Körperempfindungen

In erster Linie geht es darum, dass wir uns erlauben, Gefühle in uns wahrzunehmen als das, was sie sind, nämlich Gefühle. Wir bewerten zwar Gefühle als gut oder schlecht, als richtig oder falsch oder lehnen sie ab, mit einer meist unbeachteten Anspannung, gekoppelt mit einer meist unbemerkten Ablehnung: »Das will ich nicht fühlen«. Genau durch diese Wertung und Ablehnung werden wir jedoch von unseren Gefühlen abhängig, anstatt sie als das zu sehen, was sie sind, nämlich Energien mit einer Botschaft.

Nun kommt es darauf an, dass wir diese Botschaft wieder wahrnehmen, sie sehen, hören oder spüren »dürfen«. Vielleicht erkennen wir die alte Art, sie intellektuell als schlimm oder unangenehm zu bewerten. Das eröffnet die Chance zur Umwandlung, indem wir uns in das Gefühl hineinsinken lassen. Dies geschieht dadurch, dass wir mit dem Bauch atmen und uns bei jedem Atemzug erlauben, dieses Gefühl etwas mehr zu fühlen. Wenn wir uns durch diese Erfahrung des Fühlens »hindurchatmen«, können wir erleben, wie die Bewertung verschwindet.

Warum funktioniert das so?

Wenn wir fühlen oder bewusst etwas erleben, dann atmen wir weiter unten im Körper. Die Ausdehnung geht vom Bauch aus und weitet sich bis in das Herz hinein. Fühlen geschieht im Bauch. Je mehr wir irrtümlicherweise den Verstand in gefühlsbetonten Situationen einsetzen, desto höher und flacher wird das Atmen, bis wir irgendwann ganz verspannt sind.

Diese Reaktion, nicht fühlen zu wollen, weil bestimmte Gefühle negativ belegt sind, setzt bei vielen Menschen unwillkürlich ein; es wird automatisch flacher geatmet und der Verstand schaltet sich automatisch ein. Dieser will die »Dinge« dann erledigen, aus der Welt schaffen, regeln.

Ein besonderer »Trick« des Verstandes könnte auch sein, sich bewusst mit etwas anderem zu beschäftigen, sich also abzulenken, damit man ja nicht dieses unangenehme Gefühl fühlen muss, mit dem man anscheinend nicht umgehen kann. Es entsteht zusätzlich zu dem unerwünschten Gefühl eine Art Hilflosigkeit, die alles noch weiter verschlimmert und das Fühlen und Empfinden noch mehr abschaltet.

So entsteht ein Kreislauf des Ignorierens, Verschiebens und Wegdrückens auf eine unbewusste Ebene. Doch solange diese Gefühle negiert anstatt akzeptiert werden, solange versucht wird, sie zu verdrängen, solange sind wir nicht in unserer vollen Kraft und Leistungsfähigkeit, da ein Teil unserer Lebensenergie damit beschäftigt ist, etwas unter der Oberfläche zu halten, was sich eigentlich zeigen und ausdrücken möchte.

Oder stellen Sie sich vor, in einem Hauptordner Ihres Computers einen provisorischen Unterordner anzulegen, um darin Dokumente zu speichern, die Sie im Hauptordner stören, weil Sie noch nicht genau wissen, wie Sie diese bezeichnen sollen und wo diese hingehören. Doch nach einer Weile stören sie auch in diesem Unterordner, und es wird ein weiterer Unterordner angelegt und dann ein weiterer und ein weiterer, mit weder gesichteten noch sortierten, zum Teil umfangreichen Dateien, die dort mit der Zeit vergessen werden, die Festplatte im Gemisch mit anderen Resten fragmentieren, immer mehr Speicherplatz verbrauchen und Ihre Maschine ausbremsen.

Wenn Sie sich nun anstatt Ihres Computers Ihren Körper vorstellen, dann bedeutet das Verdrängen von Gefühlen ein Abfüllen Ihres Zellbewusstseins mit unerledigten Vorgängen, bedeutet irgendwann Chaos, Überforderung – allerdings mit dem Unterschied, dass Sie hier nicht – wie bei einem Computer – eine Reinigungssoftware durchlaufen lassen oder kurzerhand den »Entfernen«-Knopf drücken können. Denn wenn der Körper Symptome von Überforderung und Stress zeigt, etwa Lustlosigkeit oder Defizite, benötigt er eine sorgfältige Behandlung, die die Ursachen berücksichtigt.

Gefühle sind energetische Symbole und Informationen, die uns helfen können, das zu tun und zu finden, was für uns angemessen ist. Natürlich können Gefühle, wie etwa Lampenfieber, unangenehm sein. Das bedeutet aber nicht, dass wir die Rede nicht halten sollen, dass wir ungeeignet wären, auf der Bühne zu stehen, ein Meeting zu leiten oder sonstige Öffentlichkeitsarbeit zu machen. Es bedeutet, dass der Körper sich jetzt gerade in vollste Konzentration und Höchstleistung begibt. Und wenn wir uns auf den Inhalt konzentrieren und wissen, dass wir gut vorbereitet sind, dann brauchen wir keine Angst vor Lampenfieber zu haben, sondern nutzen das Lampenfieber als Treibstoff für einen Rennwagen, der uns in der Formel 1 einen genialen Start hinlegen lässt. Lediglich die Angst vor dem Lampenfieber bremst uns, da wir dieses Gefühl nicht fühlen wollen! Es handelt sich um eine Variante der Metapher »das Kind mit dem Bade ausschütten«. Die Angst vor dem Gefühl ist das, was uns bremst, anstatt dass wir Gefühle jeglicher Art umarmen.

Umarmen wir das Kind, behalten wir es liebevoll im Arm und schütten das Bad schwungvoll aus. Wir fühlen, also sind wir lebendig! Gefühle sind ein Teil unserer Existenz, sie bedeuten Leben. Ein Gefühl ist von sich aus weder gut noch schlecht. Erst wenn wir es mit einer Bewertung belegen »oh, das ist schlimm, oder schrecklich« und wir uns damit konfrontiert sehen, dann wollen wir das natürlich nicht erleben. Nun ist die Frage, wogegen wehren wir uns eigentlich tatsächlich? Gegen das Gefühl oder gegen die Bewertung? Eigentlich wehren wir uns doch gegen die

Bewertung oder Interpretation des Gefühls, das wir lieber von vorneherein nicht erleben wollen, weil wir eine Situation bewerten.

Probieren Sie es aus. Atmen Sie in das nächste »negative« Gefühl hinein. Lassen Sie es zu und denken Sie dabei mit jedem tiefen Atemzug »Ich fühle mich wohl«, nächster tiefer Atemzug »Ich fühle mich wohl« – oder »Ich spüre mich gut, ja, ich spüre mich gut« – je nachdem was Ihnen mehr entspricht. Und wenn das Gefühl, das sich dann mehr und mehr einstellt, nicht dem entspricht, was vorher der Intellekt als wahr erachtet hat, wem wollen Sie dann mehr glauben?

Wir arbeiten in unseren Coachings und Seminaren mit einem sofortigen Biofeedback-System, das die Kohärenz in uns misst, also den Gleichklang bzw. das harmonische Zusammenspiel zwischen dem Herzen, dem Pulsschlag, dem Nervensystem und dem Hormonsystem. Hier kann jeder für sich erfahren, wie ein tiefer, fließender Atemrhythmus gepaart mit positiven Gedanken relativ schnell diesen Gleichklang herstellt. Unterschiedliche Leuchtdioden zeigen den jeweiligen Zustand während des Atmens an. Und so können wir immer wieder feststellen, dass angestrengtes Denken oder negativ wertendes Denken sofort den Organismus aus dem Gleichklang bringt und der Atemrhythmus sich verändert. Es scheint, dass weniger Sauerstoff im Gehirn durch flacheres Atmen diese Art von zermürbender Denktätigkeit erhöht.

Wer mit diesem System lernt, seinen individuellen, ruhigen Atemrhythmus zu finden, nach innen in den Bauch und in das Herz zu kommen, stellt meistens fest, dass der Druck aus dem Kopf verschwindet, der ganze Körper ruhig wird und aus dieser Ruhe heraus nun plötzlich völlig neue Möglichkeiten entstehen.

Menschen, die fühlen, kreieren. Menschen, die Gefühle vermeiden, denken reduziert. Das ist die Ursache für viele Konflikte im Leben, beruflich und privat. Wenn jemand motiviert ist, Gefühle zu vermeiden, handelt er häufig aus Angst. Angst bringt ihn zu einer intellektuellen Lebensweise, bei der Gefühle durch Strukturen, Regeln oder sonstige Symbole – Statussymbole, Macht etc. – ersetzt werden. Diese sind »vermeintlich« sicher, da die eigenen Gefühle nicht sicher sind. So kann die Angst »bekämpft« werden durch selbst erschaffene Leitplanken, starre und rigide Glaubensmuster, die irgendwann den Körper erstarren lassen, fest und steif machen.

Durchfühlen oder vermeiden, das ist hier die Frage. Die Entscheidung liegt bei jedem selbst.

Wer mit noch unbekannten Gefühlen experimentieren und diese als Kraftquellen in sein Leben integrieren möchte, kann sich einen geeigneten Platz in geschützter Umgebung dafür einrichten. Hier könnte Schreibzeug bereitliegen, vielleicht unsere CD mit CD-Player, ein kleiner Teppich, auf dem Sie sich bewegen und eine Sitz- oder Liegemöglichkeit. Wie wäre es mit einem Bild an der Wand, das Sie emotional anspricht, oder mit anderen symbolträchtigen Gegenständen?

## Der erotischen Spur folgen

Sie können die Beziehung zu einem anderen Menschen in der Art gestalten, dass Gefühle eine hohe Priorität bekommen [22]. Wenn Sie von Ballast und unnötigen mentalen Ablenkungen befreit sind, wird Ihre attraktive Wirkung fühlbar, denn authentische, frei fließende Gefühle lösen im Gegenüber Resonanz aus. Wenn Empfindungen verbal oder nonverbal ausgedrückt werden, wenn sie aufgesucht, erkannt, akzeptiert, erlebt und beschrieben werden, steigt das Interesse aller Beteiligten. Wenn die Aufmerksamkeit dabei bleibt, verstärkt sich die geistige, emotionale und körperliche Resonanz. Das ist die erotische Spur. Diese Kunst, beim Wesentlichen zu bleiben, ist ein wertvoller Schlüssel für intime Begegnungen, doch genauso für geschäftliche Erfolge. Besonders wertvoll werden Beziehungen, wenn sie sich in einer Art und Weise entfalten, wie es im nächsten Kapitel beschrieben wird.

Wer Gefühle lieber in einem geordneten Rahmen pflegen möchte, kann die DVD mit den heilenden Lauten verwenden. Sofern Emotionen relativ eindeutig zugeordnet werden können, wie Ärger, Trauer oder Angst, unterstützen die ersten fünf heilenden Laute den Wahrnehmungs- und Fühlprozess. Bei ungeklärten Gefühlen hilft der sechste der heilenden Laute, da dieser sich auf das gesamte System bezieht.

# 7. Intrinsische Kompetenz im Beziehungsgeflecht

In einer Erzählung von Hermann Hesse [21] erkennt die männliche Hauptperson in einem Zustand höchsten Bewusstseins, dass sie ohne jede Frau hätte glücklich werden können, aber – dass sie auch mit jeder Frau hätte glücklich werden können. Unabhängig davon, ob wir Frau oder Mann sind, können wir die Verantwortung für Glück und Unglück zu uns nehmen und erringen damit die Chance, das Beste in unserem Leben und in unserer Beziehung zu erreichen.

In einer Liebesbeziehung und in jeder Gemeinschaft trägt die intrinsische Kompetenz schon eines Partners oder gar aller Beteiligten wesentlich dazu bei, dass die Verbindung harmonisch verläuft und in ihrem essentiellen Bestand zum Tragen kommt. Auch wenn Spannungen ausgelöst oder bewusst auf den Tisch gebracht werden, kann deren Anlass punktgenau erfasst und in weiterführende Bahnen gelenkt werden [22].

Private und berufliche Begegnungen entwickeln ihre ganze Bandbreite, wenn individuelle Besonderheiten erkannt und geschätzt werden, die wie Juwelen schon in kleinen Begebenheiten aufblitzen können. Das ist die muntere Bewegung, mit der jemand den Raum betritt, ein treffendes Wort, ein Blick. Das könnte auch ein ungewöhnlich gedämpftes oder zurückhaltendes Auftreten sein, das freundlich angesprochen Anteilnahme signalisiert und vielleicht eine Öffnung einleitet.

Doch oft ziehen attraktive Ziele und aussichtsvolle Investitionen die Beteiligten derartig in ihren Bann, dass der Blick für das Wesentliche und dessen Antriebskraft verloren gehen. Hier beginnt dann die Trennung zwischen Außen und Innen, die Teilung von Vernunft und Empfindung.

Das gipfelt in der Abspaltung und Ablehnung des Schlechten (»die Achse des Bösen«), mit daraus begründeten Gegenmaßnahmen, Streit und Krieg.

Es ist eine Frage des Bewusstseins, ob Feindschaften mit schrecklichen Konsequenzen ausgetragen werden müssen, denn sie könnten auch auf den eigentlichen Spannungsherd zurückgeführt werden. Die Kunst besteht darin, trotz zerrender Gegenkräfte den Focus für das Wesentliche zu bewahren, um nicht in einen Strudel von Angst, Macht und Gewalt hineingezogen zu werden. Das Hinuntertauchen zum Kernpunkt eines Konfliktes, das Bewahren der Übersicht für die hauptsächlichen Gründe und deren Bewältigung bis zur friedlichen Lösung sind mit intrinsischer Kompetenz zu leisten. Es ist eine große Leistung, diese gewaltigen Spannungen zu halten, bis die drohenden Gegenkräfte beginnen, sich neu auszurichten. Und es ist ein großer Gewinn, wenn materielle und menschliche Ressourcen nicht vernichtet werden, sondern wenn Spannungen konstruktiv umgesetzt werden und damit eine riesige Energie freisetzen. Aus diesem Blickwinkel gesehen wurde in der sogenannten Kuba-Krise ein dritter Weltkrieg mit intrinsischer Kompetenz der Verantwortlichen abgewendet. Damit wurde ein Grundstein gelegt für die spätere Beendigung des Kalten Krieges und einen Aufschwung in vielen Bereichen.

Auch in persönlichen Beziehungen besteht die Kunst darin, Gegensätze anzusprechen, anstatt sie zu übergehen, und damit einem unterirdischen Beziehungsstress und dessen meist negativen Folgen, etwa für die Gesundheit, vorzubeugen. Jeder schöpferisch bewältigte Konflikt stärkt sowohl jeden Einzelnen als auch die Gemeinschaft und setzt frische Kräfte frei.

Sogar harmonische Gefühlsverbindungen oder der grenzenlose Enthusiasmus jung Verliebter kommen früher oder später an jene Grenzen, die wir in unserem System der drei Schichten die Verbindungsschicht genannt haben. Dann entscheiden die Beteiligten, ob sie Frust auf sich ziehen oder eine Entwicklung beginnen, mit der Chance für neue Erfahrungen und tiefere Erfüllung.

Wer an die erste Begegnung mit einem sympathischen Menschen zurückdenkt, Frau oder Mann, aus dem betrieblichen oder privaten Umfeld, erinnert sich vielleicht auch daran, worin das Interesse bestand und wie sich Anziehung aufbaute. Eventuell kamen später auch mal Verwicklungen oder Vorbehalte hinzu.

Fällt Ihnen ein Mensch ein, mit dem Sie dieses kleine Gedankenexperiment durchführen könnten? Wer kommt Ihnen als Erster oder Erste in den Sinn?

Bitte nehmen Sie sich etwas Zeit und lassen Gedanken und Gefühle zu dieser anfänglichen Begegnung zurückschweifen. Genießen Sie erneut die Momente des ersten Augenblicks, die Umgebung, Redewendungen, Schlüsselsätze, aufregende Bewegungen, gefühlte oder körperliche Berührungen, so deutlich wie beim ersten Mal oder sogar noch deutlicher, weil Sie sich jetzt noch mehr darauf einlassen.

Schwelgen Sie wie in Zeitlupe in diesem ersten Moment, und während Sie weiter schwelgen und noch mehr darin eintauchen, kann sich noch besser herausstellen, wie die Attraktionen mit diesem Menschen entstanden, wo es funkte.

Es könnten Funken gewesen sein, die übersprangen, Blitze, vielleicht gingen Lichter an, Flutlichter oder LEDs in bestimmten Farben, sanft abgedunkelte Lämpchen oder stimmungsvolle Laternen. Mögen Sie sich Ihr Interesse an diesem Menschen jetzt als sichtbare Schwingungen, als Lichtstrahlen vorstellen?

Und wo brannten diese Lichter bei Ihnen, im Kopf, im Bauch oder im Herzen? Erinnern Sie sich daran, welche Gedanken Ihnen durch den Kopf schossen, was Sie hörten, fühlten und empfanden. Vielleicht können Sie die Begegnung mit diesem Menschen erneut erleben, wie zum ersten Mal, und gleichzeitig aus Ihrer heutigen Perspektive im Rückblick Folgendes noch genauer herausfinden: Lenken Sie Ihre Aufmerksamkeit dabei auf verschiedene Körperzonen, die den Chakren [27] (nach einigen fernöstlichen Konzepten die Hauptenergiezentren des Menschen) entsprechen.

Ist diese Anziehung

1. körperlicher, sexueller Natur (im Becken),
2. emotional, erotisch (im Bauch),
3. psychisch bedingt (im Solarplexus),
4. Liebe (im Herzen),
5. künstlerischer Natur (im Hals),
6. geistig, mental (in der Stirn) oder
7. mystisch, charismatisch (wie ein Magnetfeld, insgesamt)?

Es könnten auch mehrere Lichter brennen, in unterschiedlichen Zonen – oder alle. Wenn die Lichter in allen sieben Zonen brennen, haben Sie sich wahrscheinlich Ihren Traumpartner, Ihre Traumpartnerin vorgestellt.

Und wo brennen die Lichter bei ihm oder ihr? Brennen seine oder ihre Lichter auf den gleichen Ebenen wie bei Ihnen, oder auf anderen, heller oder sanfter, gibt es Bereiche, die leer, abgeschirmt sind oder das Licht absorbieren?

Wenn Sie noch ausführlicher mit diesen leuchtenden Bildern spielen möchten, könnten Sie eine oder mehrere Ihrer wichtigsten Beziehungen aufzeichnen, die unterschiedlichen Leuchtpunkte eintragen, diese miteinander verbinden (z.B., wenn die Liebe erwidert wird) oder eben nicht. Im weiteren Verlauf dieses Experimentes können Sie dann noch mehr über das Geflecht Ihrer Beziehungen herausfinden.

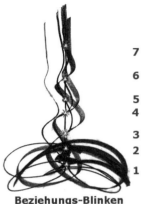

So könnte etwa sein lockeres (2) und elegantes (5) Auftreten ihre Gedanken (6) beflügeln, ihre Liebe (4) erwecken und sie zum Aufblühen (2) bringen, was spätestens dann seine sexuellen Gefühle (1) in Wallung bringt und ihn dazu hinreißt (3), Versprechungen (5) abzugeben ...

**Beziehungs-Blinken**

In einer geschäftlichen Partnerschaft könnte die 3. Ebene des einen mit der 3. Ebene des anderen verbunden sein, die Faszination (3) eines Zuhörers für einen Redner (5) oder einen Geistlichen (6 + 7) sich in den angedeuteten Bereichen abspielen. Ein Musikhörer (5) mit eigenem Musikarchiv (2) könnte begeistert sein von den Werken einer charismatischen Künstlerin (4 + 5 + 7).

Dabei kann sich auch herausstellen, in welchen Bereichen gemeinsame Interessen zu finden sind (es blinkt auf den gleichen Ebenen) und wo man aneinander vorbeigeht, ohne sich wirklich zu berühren, weil jeder auf seinen Bereich fixiert ist und den anderen in dessen Qualität nicht erfasst.

*Im folgenden Beispiel können wir mitverfolgen, wie in einer schon bestehenden, jedoch nur lauwarmen Beziehung zwischen Mann und Frau ein Entwicklungsprozess beginnt: Sie sagt zu ihm: »Ich glaube, dass du mich immer beschützen wolltest. Ich aber hätte gerne gehabt, dass du mich brauchst.« In der nachfolgenden Pause zeichnet sich ab, wie sie sich lang-*

*sam zurückzieht, vielleicht endgültig. Doch bevor sie seine Reichweite ver-*
*lässt, nimmt er ihre Hand und sagt: »Bleib.«*

Zuvor war er im dritten Bereich (Beschützen), sie aber erwartete ihn im zweiten Bereich (Brauchen). Durch ihre Analyse wird deutlich, warum es bei ihnen nicht funken konnte.

In unserem Beispiel wartet sie nicht einfach sprachlos wie eine Kuh auf die Erfüllung ihres Bedürfnisses (2), sondern begibt sich in seinen Bereich (3), um sein Verhalten richtig deuten zu können. Konsequent beginnt sie, diese Erkenntnis umzusetzen und sich zu entfernen. Das ist seine Chance.

Manche Beziehungen enden tatsächlich deshalb, weil die Beteiligten auf unterschiedlichen Ebenen verharren und daher kein echter Kontakt entsteht. Andere finden sich mit einer starr machenden Distanz ab, die mit der Zeit anstrengend wird, oder bilden eine Zweckgemeinschaft. Man klammert sich an Äußeres, errichtet feste Projektionen und Schutzwälle, weil man der Wesenskraft nicht vertraut oder keine intrinsische Kompetenz hat, um mit Veränderungen klarzukommen.

Klassische Westernfilme enden meistens damit, dass der Cowboy alleine in die Landschaft hineinreitet. Dagegen besteht die Leistung des Helden in unserem Dialog darin, dass er auf sie eingeht und dem angedeuteten Wunsch auf ihrer Beziehungsebene mit Tat und Wort näher kommt. Er nimmt ihre Hand und sagt: »Bleib.« Somit kommt es zum Happy End, Heldin und Held gehen aufeinander ein.

Falls Sie eine eigene Beziehungskonstellation aufmalen oder dies schon getan haben, könnten Sie nun darauf achten, was daraus zu erkennen ist. Welche Bereiche sind in Resonanz, wo ist nichts, wo sind Überschüsse, Schutzwälle und Defizite, worin macht sich dies im täglichen Leben bemerkbar? Wo strahlen Sie gerne aus, sind aktiv, und wo sind Sie empfänglich oder würden sich gerne etwas geben lassen? Spüren Sie hinein und verwenden Sie obige Beispiele, um sich damit Ihrer eigenen Situation anzunähern, oder lassen Ihrer Phantasie freien Raum, um herauszufinden, in welchen Bereichen von 1 bis 7 es blinkt.

Wenn wir darauf achten, wo und bei wem es blinkt, kommen wir zu einer fundamentalen Betrachtungsweise für jede Art von Begegnung und Beziehung. Bereiche und Chancen für Wachstum, wie in obigem Beispiel, werden sichtbar.

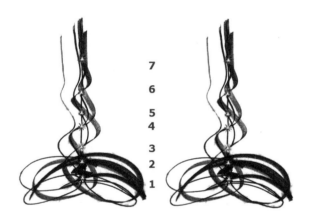

Damit löst sich die alte Gewohnheit, »gute« und »schlechte« Vorkommnisse global und ausschließlich an anderen Personen festzumachen, auf sie zu projizieren. Wenn mir jemand auf den Fuß tritt, könnte ich ihm offen oder heimlich dafür Vorwürfe machen, ihm meinen Schmerz anhängen und ihm die Schuld geben. Wenn ich aber selbstverantwortlich bin, könnte ich sagen: »Ich habe mir auf den Fuß treten lassen«. Am besten ziehe ich meinen Fuß weg, bevor er überhaupt in Gefahr kommt, denn die mit Eigenverantwortlichkeit einhergehende Präsenz verleiht die dazu nötige Reaktionsfähigkeit und Schnelligkeit.

Eine junge Frau erlebte eine zunehmende Sehnsucht nach Liebe und Geborgenheit in der Freundschaft mit einem jungen Mann, der sich zwar gerne mit ihr unterhielt, aber weitere Annäherungen vermied und zurückwies, ohne eine Begründung dafür nennen zu können. Zunächst fühlte sie sich davon bedrückt und verletzt. Doch mit dieser neuen Sichtweise gelang es ihr, ihr Bedürfnis nach mehr Nähe von der anderen Person abzukoppeln. Sie konnte es akzeptieren, dass ihr Sehnen nach Geborgenheit (2) kein Defizit, sondern eine Fähigkeit ist, die Freude bereitet, wenn sie ausgedrückt wird. Sie lernte es, wie eine Blume ihre Blütenblätter bei starkem Regen zu schließen und sie umso prächtiger zu öffnen, wenn die Sonne herauskommt und in genießerischer Vorfreude zu verweilen, bis eine Honigbiene heranfliegt. Damit konnte sie unterscheiden, ob und wie ihre Ausstrahlung bei anderen Menschen Resonanz auslöst oder nicht. Sie kann jetzt ihre Sensibilität schützen und es umso mehr genießen, wenn der passende Partner auftaucht.

Dieses Bei-sich-Bleiben benötigt eine geistige und körperliche Präsenz, die das Ziel der folgenden Übung ist.

## Übung zur Erdung und Öffnung

*Um geeignete Informationen aus dieser Übung aufzunehmen, kann sie bei Bedarf wiederholt werden (vgl. die Übung Energiekreislauf). Je mehr Sie dabei geistig wach und körperlich präsent sind, umso leichter wird es, ihren Inhalt aufzunehmen. Das Ziel ist, über längere Zeiträume hinweg und auch in spannungsgeladenen Situationen in sich zu ruhen.*

*Manche Menschen müssen sich zurückziehen, um zur Ruhe zu kommen. Doch jetzt besteht die Chance, auch in aufregenden Lagen gelassen zu bleiben und zudem bedeutsame Informationen zu erfassen und zu nutzen. Vielleicht gelingt es mit zunehmender Übung, nonverbale Signale des Gegenübers aufzunehmen und feinste Regungen mit einzubeziehen, sodass eine fruchtbare Atmosphäre des Miteinander entsteht.*

*Im ersten Teil der Übung kommt die Ruhe. Wahrscheinlich ist es doch sinnvoll, wenn beim ersten Üben auch Ihre Umgebung ruhig ist, Ihnen Sicherheit und Geborgenheit vermittelt. Doch auch in hektischem Umfeld hilft die Vorstellung, sich in einen imaginären Schutzmantel zu hüllen, an dem äußere Reize abgleiten. Ohne auf Ablenkungen einzugehen, konzentrieren Sie sich einfach auf die kommenden Textpassagen, um das Folgende in sich ablaufen zu lassen.*

*Verankern Sie sich nun in sich selbst, indem Sie sich in Ihrem Körper spüren, auf Ihren Atem achten und wahrnehmen, wie Sie mit dem Boden in Kontakt sind, je nachdem, wo und wie Sie sich gerade befinden, ob der Kontakt durch das Hinterteil zur Sitzgelegenheit erfolgt oder durch die Beine hindurch direkt zum Boden. Auf jeden Fall könnten Ihre Füße imaginär durch die Schuhe hindurch oder direkt den Boden berühren.*

*Lassen Sie Ihren Atem durch den ganzen Körper fließen, als ob es möglich wäre, auch durch den Unterleib in den Boden hineinzuatmen. Wenn*

*Sie mögen, stellen Sie sich Bauch, Becken und Beine insgesamt wie eine Röhre vor, durch die der Atem beim Ausatmen nach unten strömt und beim Einatmen nach oben fließt. Genießen Sie dieses leichte und volle Strömen, aus und ein, aus und ein ...*

*Das ergibt die notwendige Erdung, die Verbindung zur Realität. Vielleicht können Sie nach und nach wahrnehmen, wie Sie durch dieses In-sich-Hineinatmen, In-den-Boden-Hineinatmen in sich ruhen, wie Sie geborgen und getragen sind. Falls Sie selbst mit dem Resultat noch nicht zufrieden sind, lesen Sie bitte die letzten drei Abschnitte nochmals, vielleicht etwas langsamer, Wort für Wort, sodass Bedeutung und Wirkung in Ihnen mehr Raum bekommen, bis Sie tatsächlich Ruhe in sich empfinden können.*

*Behalten Sie weiterhin die Verbindung zum Boden bei und stellen Sie sich nun bitte darauf ein, die Aufmerksamkeit auf den ganzen Körper auszudehnen. Achten Sie nun also auch auf den Oberkörper und auf den Kopf. Es ist durchaus möglich, mehrere Körperteile gleichzeitig wahrzunehmen, jetzt also den Unterkörper unten mit der Verbindung zum Boden, und darüber den Oberkörper und den Kopf. Auch bei einem Schiff in bewegtem Meer sieht man doch meistens das Deck zwischen den sich auf und ab bewegenden Wellen, während der untere Teil des Schiffes nur kurz oder gar nicht auftaucht und dessen ungeachtet das Ganze stabilisiert.*

*Spüren Sie die eigene Stabilität von unten und achten Sie darauf, wie der Atem auch durch den Oberkörper fließt; vielleicht ist es sogar möglich, den Atem in Ihrer Vorstellung auch durch Hals und Kopf fließen zu lassen. Wenn Sie sich im ersten Teil der Übung den Unterkörper als Röhre vorstellen konnten, könnte diese Röhre sich nun auch nach oben erweitern, sich in den Oberkörper hinein erweitern, eventuell sogar in den Kopf hinein, je nachdem, wie es gerade möglich ist. Während der untere Teil der Röhre etwas stabiler ist, könnte der obere Teil etwas flexibler sein. Spüren Sie nun die ganze Röhre, die im unteren Teil solide ist und nach oben hin nachgiebiger wird. Erlauben Sie es, dass der Atem voll durch den ganzen Körper fließt, beim Ausatmen nach unten bis in den Boden hinein und beim Einatmen nach oben, durch den Oberkörper hindurch, in Richtung Raumdecke oder Himmel. Genießen Sie dieses leichte und volle Strömen, aus und ein, aus und ein ...*

*Wenn möglich, nehmen Sie in diese Atem-Bewegung auch Hände, Arme und Schultern mit hinein, sodass der ganze Körper beteiligt ist, so gut das jetzt gerade geht. Auch wenn noch nicht alle Körperteile angeschlossen sind, achten Sie dennoch auf die Bereiche, die schon angeschlossen sind, miteinander verbunden sind und insgesamt im Atem schwingen, auf und ab. Genießen Sie dieses leichte und volle Strömen, aus und ein, aus und ein, bis sich ein noch volleres Empfinden für den Körper einstellt.*

*Bei einem Segelschiff ist das Deck für die Passagiere und die Allgemeinheit bestimmt. So ähnlich ist das auch beim menschlichen Körper. In den oberen Bereichen befinden sich die meisten Kontaktorgane, wie Hände, Arme, Mund, Nase, Augen, Ohren und andere sensitive Stellen, mit denen wir Verbindungen zu anderen herstellen und uns öffnen.*

*Können Sie für diesen letzten wichtigen Teil der Übung bewusst weiteratmen, mit dem ganzen Körper? Im Unterkörper ist Stabilität, im Oberkörper Leichtigkeit, Freiheit und Öffnung. Wenn möglich, spüren Sie, während Sie weiteratmen und geerdet bleiben, Ihren Oberkörper leicht und frei, insgesamt wie ein zusammenhängendes großes Verbindungsorgan.*

*Könnte dieser Oberkörper sich sanft hin- und herwiegen, wie in einer leichten Brise? Vielleicht mögen Sie sich im Sitzen oder Stehen von unten heraus etwas aufrichten, nicht durch Kontraktion von Schultern und Armen, das würde den Oberkörper wieder verfestigen, sondern beginnend vom Becken aus? Spüren Sie die Festigkeit im Unterkörper, verbunden mit Kraft in den Beinen und einer sanften Spannung im Becken, aus der heraus sich die Wirbelsäule aufrichtet und leicht hin- und herbewegt. Vielleicht ist diese Wiegebewegung im Oberkörper jetzt noch angenehmer, so leicht und frei wie bei einem schönen Segelschiff, das sich elegant vom sanften Wind bewegen lässt.*

*Orientieren Sie sich nun in Ihrer Bewegung nach den verschiedenen Richtungen. Nehmen Sie den Raum vor sich wahr, hinter sich, seitlich rechts und links, unten und oben. Geht das in Ihrem Empfinden, ist es möglich, diesen Raum um sich herum in irgendeiner Weise zu erleben? Dann ist jetzt ein Raum geschaffen, in dem Ihre Bewegung stattfindet. Mit diesem Bewusstsein könnten Sie sogar bemerken, was hinter Ihnen ist, oder seitlich, ohne hinzusehen. Viele Frauen können die Blicke der Männer spüren, ohne hinschauen zu müssen. Ob Frau oder Mann, probieren Sie es aus, wie es ist, von hinten oder von der Seite gesehen zu werden und genießen Sie es, den ganzen Raum um sich herum wahrzunehmen, wobei Sie sich sanft weiter wiegen.*

*Während Sie geerdet und atmend leicht mit dem Oberkörper hin und her schwingen, öffnen Sie sich nun für die imaginäre Begegnung mit einer anderen Person. Es ist niemand Bestimmtes, einfach eine Person. Lassen Sie diese Person in Ihrer Vorstellung auf sich zukommen, oder bewegen Sie sich zu ihr hin, geerdet, leicht und zentriert. Wählen Sie eine Annäherungsgeschwindigkeit, die Ihnen angenehm ist. Nehmen Sie Ihr Gegenüber als Ganzes und im Ganzen wahr. Nehmen Sie wahr, was ist, bleiben Sie neutral und doch offen.*

*Wenn in der Sprache, in Aussehen, Bewegung und Ausstrahlung dieser Person etwas ist, was Ihnen gefällt, was Ihnen gut tut, können Sie es in sich hereinlassen. Was nicht interessiert oder schaden könnte, lassen Sie einfach an sich vorbei. Vielleicht möchten Sie etwas von sich geben oder ausdrücken. Achten Sie darauf, ob es ankommt, vorbeigeht oder zurückkommt. Bleiben Sie leicht, frei und zentriert.*

*Könnten Sie nun Ihrem Gegenüber auch eine wiegende Bewegung erlauben? Mit Ihrer Einbildungskraft ist das möglich. Lassen Sie Ihren imaginären Partner in seiner eigenen Art schwingen und schauen Sie sich jetzt an, was Sie erschaffen haben. Ist die andere Schwingung in ihrer Art Ihrer eigenen ähnlich, die beiden kommen vielleicht sogar in Resonanz, oder ist die andere Schwingung gegensätzlich, etwa wie bei einem Kampf? Experimentieren Sie mit verschiedenen Schwingungszuständen, vielleicht unterschiedlichen Rhythmen, eventuell bewegen Sie sich gar in einem Musikstil, wie Reggae, Walzer, Blues oder Rock, Tango, Salsa oder Flamenco?*

*Wenn möglich, verweilen Sie so lange in der Begegnung, bis sich etwas zwischen Ihnen ausgeglichen hat oder bis Sie genug haben. Dann lösen Sie den Kontakt in einer Weise, die Ihnen angenehm ist und spüren sich wieder bei sich selbst, verweilen noch einen Moment bewusst alleine und atmen nochmals tief ein und aus, um damit die Übung zu beenden.*

In einer Zen-Geschichte wird auf die Fähigkeit von Gräsern hingewiesen, sich allen Wettersituationen anpassen zu können. Im sanften Wind wiegen sie spielerisch ihre Halme hin und her, drehen sie elegant bei Sonne und Regen. Bei einem Orkan neigen sie sich tief, um nachher umso stolzer und glanzvoller da zu stehen, während mächtiger wirkende Gebilde wie Betonpfosten oder starre Masten brechen können.

Betrachten wir nun zwei grundsätzlich unterschiedliche Arten von Beziehungen:

A. Freie Beziehungen
B. Verbindliche Beziehungen

## A. Freie Beziehungen

Das Verbindende dieser Beziehungsart kommt durch Freiheit, Toleranz und Akzeptanz zustande, die man sich gegenseitig gewährt. Gegensätzlichkeiten werden offen kommuniziert und als interessante Andersartigkeiten eingeordnet. Man bleibt in gewisser Distanz zugunsten individueller Vorlieben, meist ohne diese zu hinterfragen. Jede(r) entscheidet sich nach eigenem Gusto; im Restaurant bestellt man ein eigenes Getränk und nicht etwa eine größere gemeinsame Flasche. Vielleicht lebt man als Single, arbeitet am liebsten solo und trifft sich mit anderen am Stammtisch, im Verein oder auf Partys, wahrt feste Grenzen anderen gegenüber, die kurzzeitig übersprungen werden können, etwa im Fasching oder bei Gelegenheit. Geschäftliche und private Partner wechseln häufiger, weil man weiterzieht und die Aufregung im Neuen sucht. Partnerschaften sind eher Freundschaften, man tauscht sich aus, lernt eventuell aus den Erlebnissen des Partners, stellt jedoch keinerlei Forderungen oder Ansprüche, sondern schöpft aus dem freien Raum, den man sich gegenseitig gewährt und der Resonanz gemeinsamer Interessen. Beispiele sind gleichberechtigte Beziehungen, Freunde, Geschwister, Mitarbeiter untereinander, Verliebte und junge Paare, junge Familien; pädagogische oder therapeutische Beziehungen.

Freie Beziehungen sind ein Wachstumsfeld für intrinsische Kompetenz. Viele neue Erfahrungen nähren und fördern den Wesenskern, durch spannungsvolle und harmonische Begegnungen wird die flexible Funktion der mittleren Schicht zum einen als Schutzschicht und zum anderen als Verbindungsschicht trainiert. Die Grenzen dieser Beziehungsart werden durch die inneren Grenzen der Beteiligten bestimmt, etwa wenn der Pädagoge seinem Schüler derartige Informationen serviert, die diesen ansprechen, anregen, weiterbringen, und die er mengenmäßig verdauen kann (siehe Kapitel 3).

*Als Beispiel für eine derartige Beziehung sei die Geschichte einer jungen Frau genannt, die sich in einem Traum sieht, wie sie eine letzte Prüfung absolvieren muss, bevor sie zur Priesterin (wahrscheinlich im alten Ägypten) initiiert werden soll. Um ihr absolutes Vertrauen auf die Probe zu stellen, wird sie in einem Holzboot ohne Ruder in einer großen Höhle ausgesetzt, die zur Hälfte unter Wasser steht. Zudem wird auch noch der Eingang zugemauert, durch den sie hereingebracht worden war. Mit zunehmender Dunkelheit steigt auch ihre Angst, die sie erstarren lässt ...*

*Bei der Aufarbeitung dieses Traumes wird ihr bewusst, dass eine unerledigte Angst sie mehrfach daran gehindert hatte, den letzten entscheidenden Schritt in ihrer Karriere zu machen. Da sie sich emotional überfordert gefühlt hatte, schien ihr die bessere Position nicht attraktiv gewesen zu sein, obwohl ihr Wissen und ihre Erfahrung dies angeboten hätten.*

*Nach mehreren Coachings fühlte sie sich bereit, sich dieser Angst zu stellen und sich von dieser Emotion in geschützter Umgebung ergreifen und bewegen zu lassen. Das war der Schlüssel für eine neue Lebensphase.*

### Tipps für freie Beziehungen

*1. Finden Sie möglichst viele gemeinsame Interessen heraus und stellen Sie diese in den Vordergrund Ihrer Beziehung, genießen Sie alle möglichen Gemeinsamkeiten und gemeinsame Unternehmungen explizit (z.B. Reisen, Wandern, Ski fahren).*

*2. Achten Sie auf Ihre eigenen Grenzen und Widerstände, schaffen Sie Raum, etwa in einem Gespräch, für einen respektvollen Umgang damit (»Das geht mir jetzt zu schnell.«) und damit die Voraussetzung für deren Integration.*

*3. Überfordern Sie sich nicht und lassen Sie sich nicht überfordern, sondern wählen Sie einen Weg, den Sie mit Ihrer inneren Kraft bewältigen können. Lassen Sie sich leiten und unterstützen, doch folgen Sie vor allem Ihrem eigenen roten Faden (z. B. einen Bericht lesen und dann selbst einen Bericht im eigenen Stil verfassen).*

*4. Wo und wann weichen Sie aus (Abwehrmuster, Kapitel 4)? Wie bleiben Sie in der Spur (Kapitel 6)?*

*5. Lernen Sie die inneren Grenzen und Widerstände Ihres Partners kennen und respektieren Sie diese oder unterstützen Sie ihn sanft, diese zu überwinden. Wenn Sie sehen, wie er (sich) ausweicht, können Sie ihm das vorsichtig zeigen, ohne Druck und Forderung (»Du wolltest eigentlich etwas in die Wege leiten. Was hält dich davon ab, wie kann ich dich unterstützen?«).*

*6. Definieren Sie gemeinsam einen generellen Rahmen für Ihre Beziehung, um Freiheitsbedürfnisse und Wünsche nach Gemeinsamkeit abzugleichen. In einer Wohngemeinschaft könnte geregelt werden, ob man gemeinsam Mahlzeiten einnimmt, einen Putzplan erstellt und ob es nachts auch mal laut werden darf. In einem Betrieb könnten sportliche Aktivitäten vereinbart werden. Ein junges Paar könnte vereinbaren, dass andere Menschen innig umarmt und geküsst werden dürfen und wo die Grenze der gemeinsamen Intimität liegt, um sie dadurch vor Verletzungen zu schützen.*

## B. Verbindliche Beziehungen

Das Potential dieser Beziehungsart liegt in verbindenden Gegensätzen; man erforscht und genießt die Andersartigkeit des Partners und ist bereit, diese direkt auf sich wirken zu lassen und eigene, vielleicht neue Reaktionen zu erforschen. Dadurch wird ein gemeinsamer Wachstumsprozess eingeleitet mit emotionalen und energetischen Veränderungen. Es entsteht Raum für Nähe und beglückende Intimität. Im eigenen Zimmer richtet man tatsächlich oder im übertragenen Sinne einen schönen Platz für den Partner ein, lädt ihn ein, führt ihn herum und besucht ihn in seinem Bereich. Wünsche sind willkommene Informationen und Gelegenheiten zur gegenseitigen Bereicherung.

Tiefere Bedürfnisse oder gar Forderungen werden nicht gleich abgewehrt, sondern ernst genommen, als Chancen für einen sich gegenseitig befruchtenden Wachstumsprozess. So entsteht eine starke, intensive Beziehung, die durch Stürme und Unwetter erschüttert, jedoch auch gefestigt wird und mit der Zeit einen starken Zusammenhalt erzeugt, tiefe Befriedigung ermöglicht und sogar extremen Belastungen standhält. Beispiele dafür sind intensive Mann-Frau-Beziehungen, reifende Beziehungen, gesunde Familien, enge Geschäftspartnerschaften. Die Beteiligten haben beziehungseigene Wege gefunden, sich verbal und nonverbal zu verständigen.

So entsteht eine gemeinsame Kultur mit eigenen Vorlieben und Ritualen und bildet ein Kraftfeld, in dem hemmende Gewohnheiten (aus der mittleren Schicht) eingeschmolzen werden, zugunsten der inneren Kräfte und Gefühle. Eine Ehe oder feste Beziehung braucht verbindlich-verbindende Abmachungen und eine Disziplin des Zusammenhaltes, die egozentrische Charakterschichten abschmilzt, zugunsten eines gemeinsamen Wachstums und einer glühenden Intimität. So gesehen bekommt das Versprechen: »Ich will dich lieben in guten wie in schlechten Zeiten«

oder »Ich gehe mit dir durch dick und dünn«, das oft nur im Denken an äußere Umstände gegeben wird, eine weitere Bedeutung: »Auch wenn es zwischen uns schwierig wird, wenn unsere Egos ihre hässlichen Köpfe zeigen, suchen wir nach Ausdruck und geben dem Eindruck nach, lassen Bewegung und Veränderung geschehen. Und wir freuen uns im Aufblühen und an den Früchten eines emotionalen, geistigen und materiellen Reichtums.«

Diese innigere Art von Beziehungen setzt ein gewisses Maß an vorhandener intrinsischer Kompetenz voraus, Gegensätze wirken stärkend, Widerstände werden als Herausforderungen angenommen, Erfolge entstehen durch gemeinsame Fortschritte und werden der Zusammengehörigkeit gut geschrieben. Das Ganze steht im Vordergrund.

Entzünden Sie doch mal zwei Streichhölzer gleichzeitig und vergleichen Sie die Größe der Flammen, wenn die Hölzchen einzeln brennen und wenn diese mit dem brennenden Ende dicht aneinandergehalten werden: Vielleicht mögen Sie staunen, wie groß und schön diese vereinigte Flamme werden kann.

Doch beim Spiel mit Feuer und Licht sind Kurzschlüsse, Stromausfälle und Brände nie ganz auszuschließen. In einer dauerhaften Beziehung können derartige Konfrontationen als Zeichen für Lebendigkeit und Gefühlsintensität verstanden werden. In einem Dialog per E-Mail schreibt zunächst ein Mann an seine Frau:

*Hallo Sabrina,*

*Innerhalb unserer gemeinsamen sieben Jahre habe ich gelernt, mich mehr zu spüren, andere besser zu verstehen, besser bei mir zu sein, besser zu werden in meiner Arbeit und auch dich besser zu spüren, mehr bei dir sein zu können.*

*Vieles auf diesem Weg habe ich dir zu verdanken.*

*Und ich habe angefangen, mich auf mehr einzulassen, als ich es bisher wollte oder konnte, da ich gefühlt habe, wie wichtig es dir ist. Ich bin über viele eigene Schatten gesprungen und dachte, auf einem guten gemeinsamen Weg zu sein.*

*Niemals in all den Jahren habe ich dir vorgeworfen, dass Menschen aus meiner Vergangenheit bestimmte Dinge besser können als du und dass ich das auch von dir haben will.*

*Du hast mir gedroht, mir mal wieder gesagt, dass ich nicht mitbekomme, was ich in dir verursache, und dass du mir »momentan« nicht vertrauen kannst. Dass ich mir Sachen zwar anhöre, aber dann sowieso ja wieder alles vergesse. Das war für mich gestern schon sehr schlimm. Besonders das fehlende Vertrauen, weil das für mich die Grundlage unserer Beziehung ist.*

*Dein Ausbruch heute Morgen hat mich noch viel mehr erschüttert.*

*Du verlangst von mir, dass ich spüre, was du möchtest, wenn ich in die Wohnung komme, obwohl du in der Küche beschäftigt bist?! Und sagst, dass es Menschen gibt, die das können?!*

*Du bringst Beziehungen und Vergangenheit in unsere Beziehung, die hier nichts zu suchen haben. Es ist demütigend für mich, von dir so behandelt zu werden. Mit anderen Männern verglichen zu werden und dann auch noch auf einem Gebiet, an das ich mich gerade begonnen hatte, heranzutasten – und dann auch noch zu einem Zeitpunkt deiner absoluten Distanz und klaren Verweigerung.*

*Ich fühle mich mit dem, was du von mir erwartest, überfordert.*
*Ich fühle mich durch das, was du über mich denkst und zu mir sagst, missachtet und verletzt.*

*Es ist jetzt ein Punkt erreicht, an dem ich mich frage, wo unsere Basis noch ist. Worin besteht die Tragfähigkeit unserer Beziehung, wenn ein Laptop auf dem Esstisch und das Vorlesen einer geschäftlichen E-Mail einen derartigen Holocaust verursachen? Ich werde auch im weiteren Leben samstags hin und wieder arbeiten oder länger unterwegs sein. Wenn ich dann immer damit rechnen muss, dass es so eskaliert, dann bin ich nicht frei. Weder in der Beziehung zu dir noch in meiner Arbeit. Und das ist für mich kein Leben.*

*Was ist es, was so viel Vorwurf und Enttäuschung oder auch Frust in dir ausgelöst hat. Was ist es wirklich??? Wann habe ich dich so tief verletzt, dass es jetzt wieder aus dir herausbricht? Was ist es??*

*Wo ist unsere Basis? Wo ist unsere Gemeinsamkeit geblieben, die ich noch am Samstagmorgen zu spüren glaubte?*

*Es macht mich traurig, dass du bei mir anscheinend so viel vermisst.*
*Es macht mich mutlos, weil ich fühle, dass ich mich zwar auch für mich selbst positiv verändert habe, aber es wird nicht reichen, um dir das zu geben, was du dir wahrscheinlich ganz tief innen wünschst.*
*Es macht mich müde, weil ich mich bemühe und ich will mich nicht mehr anstrengen. Auch wenn mein Beruf manchmal anstrengend ist und das letzte mehrtägige Meeting es auch war, so ist seelisch das, was du mir die letzten Tage gesagt hast, nicht nur anstrengend, sondern zerstörend.*

*Eigentlich zerstört es alles, was gewachsen war.*

*Das Gute daran ist, ich erlaube mir zu fühlen, wie verletzlich ich bin. Hätte ich mich dir gegenüber nicht so geöffnet, könnte ich es jetzt nicht erleben. Es ist ein solcher Schmerz ...*

*Und gleichzeitig sagt meine Stimme in mir, dass das nicht das wahre Leben ist. Nicht Schmerz und Schatten und Trübsinn und Dunkelheit und Fernsehen und Vergangenheit ist das Leben. Das Leben ist Freude, Passion, Kreativität, Begeisterung und hier und jetzt.*

*Und es reicht mir, als »nicht fühlend« von dir bezeichnet zu werden, weil ich voll bin mit dieser Fähigkeit.*

*Und es reicht mir, von dir für deine Launen verantwortlich gemacht zu werden. Es sind deine Launen. Du denkst so, fühlst so, wie du es entscheidest.*

*Und es reicht mir, dir hinterher zu laufen und abgewiesen zu werden mit der Begründung »Du verstehst mich nicht!« oder »Es war ja keine Zeit dafür da!«. Und es reicht mir, Drohungen von dir zu bekommen.*

*Es reicht, es reicht, es reicht.*

*Ich will leben, verstehst du? Leben! Ich will lachen und Freude haben, bei allem. Und wenn ich mich jetzt im Spiegel anschaue, dann schauen mich Falten eines Mannes an, die nicht durch Lachen entstanden sind.*
*Ich will lieben. Ich will Sinn stiften. Ich will wertgeschätzt werden als der, der ich bin. ICH BIN. Und so wie ich bin, bin ich gut.*

*Und trotzdem werde ich weiter wachsen, mich weiter entwickeln, weil ich es will und wie und wohin ich es will oder wohin ES mich führt.*

*Dafür habe ich mein Vertrauen in das Leben. Und das ist, was zählt.*

*Und wenn ich nochmals den Text lese, den wir kürzlich zusammen gelesen haben, dann hat jeder seinen Wachstumsbeitrag zu leisten.*

*Gerhard*

Vielleicht können Sie als Leserin oder Leser erkennen, wie ernst es diesem Mann ist, dass er seine Grenzen erreicht und überschritten fühlt. Er ist verletzt, verzweifelt, er stellt sogar die Beziehung infrage.

Hier kommt nun die Antwort von Sabrina, die sie nach reiflicher Überlegung verfasste:

Lieber Gerhard, vorneweg:

1. Unsere Auseinandersetzung gehört in den Bereich der spür- und fühlbaren Empfindungen, der Gefühle, die in den letzten Wochen auch im Kreise unserer Geschäftspartner und meiner Freundinnen hohe Wellen schlugen. Ich glaube nicht, dass unsere gemeinsame Basis und auch nicht unsere Liebe davon bedroht sind, obwohl es vielleicht so aussieht, weil unser gemeinsames Schiff in diesen hohen Wellen zeitweise nicht mehr zu sehen war.

2. Ich danke dir für die Niederschrift und den offenen Ausdruck deiner Empfindungen in dieser E-Mail. Da du schon wieder weg bist, hatte ich genügend Zeit, meine Reaktionen zu sortieren. Ich kann verstehen, wie es dir gegangen ist und dann auch einige Dinge zurechtstellen, die sicherlich auf einem Missverständnis beruhen.

3. Ich hoffe, dass wir bei deiner Rückkehr einige alte Kamellen begraben können und uns anschließend wieder in die Arme nehmen?

4. Ich mache es mir einfach, indem ich meine Antworten direkt hinter deine Worte schreibe. Dafür versuche ich umso mehr, dem Geist unserer Gemeinsamkeit gerecht zu werden.

*Hallo Sabrina*

Hallo Gerhard

*Innerhalb unserer gemeinsamen sieben Jahre habe ich gelernt, mich mehr zu spüren, andere besser zu verstehen, besser bei mir zu sein, besser zu werden in meiner Arbeit und auch dich besser zu spüren, mehr bei dir sein zu können.*

*Vieles auf diesem Weg habe ich dir zu verdanken.*

*Und ich habe angefangen, mich auf mehr einzulassen, als ich es bisher wollte oder konnte, da ich gefühlt habe, wie wichtig es dir ist. Ich bin über viele eigene Schatten gesprungen und dachte, auf einem guten gemeinsamen Weg zu sein.*

Ja, das ist auch so und ich danke dir dafür.

*Niemals in all den Jahren habe ich dir vorgeworfen, dass Menschen aus meiner Vergangenheit bestimmte Dinge besser können als du und dass ich das auch von dir haben will.*

Doch, du hast mir früher oft genug gesagt, dass dir mein Hinterteil zu flach und meine Oberschenkel zu dünn waren. Ob du nun sagst, dass dir das bei anderen Frauen besser gefällt oder ob du es nicht sagst, macht für mich keinen großen Unterschied. Manchmal hat es mich verletzt, wie du ihnen auf den Hintern gestarrt hast, und ich brauchte mehrere Tage, um mich davon zu erholen.

*Du hast mir gedroht, mir mal wieder gesagt, dass ich nicht mitbekomme, was ich in dir verursache und dass du mir »momentan« nicht vertrauen kannst. Dass ich mir Sachen zwar anhöre, aber dann sowieso ja wieder alles vergesse. Das war für mich gestern schon sehr schlimm. Besonders das fehlende Vertrauen, weil das für mich die Grundlage unserer Beziehung ist.*

Dass das für dich schlimm war, verstehe ich. Ich habe deine Ignoranz auch als schlimm empfunden. Und dann mischten sich bei mir Gedanken und Wut, und was ich schrie, war sicherlich nicht gerade aufbauend.

Grundsätzlich vertraue ich dir. Wie ich bereits angedeutet habe, hatte ich in jenem hektischen Moment kein Vertrauen, weil ich in all der Aufregung, auch deiner, keine Chance sah, intime Details zu erläutern, ohne permanent angeschossen zu werden. Wenn wir so was haben, braucht es meistens ein längeres Hin und Her, bis alles ausgetauscht und verstanden ist, wir haben dafür schon Tage gebraucht.

*Das von heute Morgen hat mich noch viel mehr erschüttert.*

Hoffentlich an der richtigen Stelle.

*Du verlangst von mir, dass ich spüre, was du möchtest, wenn ich in die Wohnung komme, obwohl du gerade in der Küche bist?! Und sagst, dass es Menschen gibt, die das können?!*

Ich habe das nicht von mir aus gesagt, sondern dir auf deine Frage geantwortet, ob ich Menschen kenne, die das können. Die können das riechen und spüren, wenn jemand eine Ladung hat. Zu diesen Menschen zähle ich mich, und du kannst das auch, wenn du nur willst.

*Du bringst Beziehungen und Vergangenheit in unsere Beziehung, die hier nichts zu suchen haben. Es ist demütigend für mich, von dir so behandelt zu werden. Mit anderen Männern verglichen zu werden und dann auch noch auf einem Gebiet, an das ich mich gerade begonnen hatte, heranzutasten – und dann auch noch zu einem Zeitpunkt deiner absoluten Distanz und klaren Verweigerung.*

Nicht ich habe das hereingebracht, sondern du hast danach gefragt, ob ich jemanden kenne. Und ich hatte dich gewarnt, derartige Fragen zu stellen, weil die Vergangenheit tatsächlich nicht für uns maßgebend ist.

*Ich fühle mich mit dem, was du von mir erwartest, überfordert.*

Überforderung ist ein Thema von dir und auch von mir generell. Daher kann es gut sein, dass wir uns auch gegenseitig voneinander überfordert fühlen.

*Ich fühle mich durch das, was du über mich denkst und zu mir sagst, missachtet und verletzt.*

Grundsätzlich will ich dich nicht missachten und auch nicht verletzen. Aber ich will dir nahe sein, von dir erobert und geliebt werden; emotional gesehen, habe ich einen empfänglichen Unterkörper. Und am liebsten wäre es mir, wenn du mich mit Worten und emotional in Erregung versetzt, bevor du in mich eindringst.

Das ist dann meine emotionale Geilheit, die dann auch auf den Körper überspringt. Und ich kann verstehen, dass es dich verletzt, wenn ich langsamer reagiere und dich dann in deiner Erregung und Offenheit anscheinend zurückweise, weil ich noch nicht so weit bin.

Ich denke, dass du manchmal deine Wut anstaust, wenn es nicht so läuft, wie du es dir vorgestellt hast. Das kann bei Gelegenheit – und die hatten wir – eine extreme Spannung erzeugen, die implodieren (sich selbst verletzen) oder explodieren (jemand anderen verletzen) kann.

*Es ist jetzt ein Punkt erreicht, an dem ich mich frage, wo unsere Basis noch ist. Worin besteht die Tragfähigkeit unserer Beziehung, wenn ein Laptop auf dem Esstisch und das Vorlesen einer geschäftlichen E-Mail einen derartigen Holocaust verursachen? Ich werde auch im weiteren Leben samstags hin und wieder arbeiten oder länger unterwegs sein. Wenn ich dann immer damit rechnen muss, dass es so eskaliert, dann bin ich nicht frei. Weder in der Beziehung zu dir noch in meiner Arbeit. Und das ist für mich kein Leben.*

Das »Damit-rechnen-Müssen« ist eine rigide Fortschreibung, die unfrei macht für die Zukunft. Können wir damit anders umgehen?

Ich sehe die Basis unserer Beziehung nicht gefährdet. Die E-Mail war der Auslöser. Wir hatten beide viel Energie und wenig Zeit. Ich hatte gerade zwei schöne Ideen für den Artikel in der Zeitung und damit begonnen, diese zu formulieren. Ideen zu Papier zu bringen ist für mich manchmal ein extremes Ringen. Etwas in mir ist genial, sehr schnell und flüchtig, die Formulierung aber erfordert viel Zeit, Konzentration und Genauigkeit. Das erzeugt eine gewaltige Spannung in mir, vor der ich auch manchmal davonlaufe und die ich manchmal genial umsetzen kann. Das Vorlesen der geschäftlichen E-Mail mit negativem, d.h. auch noch zu transformierenden Inhalt sprengte die vorher kreativ sich umsetzende Spannung ins Destruktive. Ja, es war auch eine Überforderung mit Knalleffekt.

*Was ist es, was so viel Vorwurf und Enttäuschung oder auch Frust in dir ausgelöst hat. Was ist es wirklich??? Wann habe ich dich so tief verletzt, dass es jetzt wieder aus dir heraus bricht? Was ist es??*

Wie gesagt, ich hätte gerne viel mehr Zeit mit dir gehabt, ich spürte meine Sehnsucht nach dir, und gleichzeitig waren tolle, aber flüchtige Ideen in mir, die ich mühsam zu Papier bringen wollte. Ich war in großer Spannung. Was du dann noch rezitiertest, brachte mich zum Knallen und ich hatte diese Ideen verloren ...

*Wo ist unsere Basis? Wo ist unsere Gemeinsamkeit geblieben, die ich noch am Samstagmorgen zu spüren glaubte?*

Unsere Energien vereinigen sich mehrmals in ruhiger oder auch ekstatischer Gemeinsamkeit. Doch manchmal streben sie auch voneinander weg oder wieder aufeinander zu. Es ist wie ein Tanz. Dass es immer gleichmäßig nett sein soll, ist ein kindlich-frommer Wunsch.

*Es macht mich traurig, dass du bei mir anscheinend so viel vermisst.*
*Es macht mich mutlos, weil ich fühle, dass ich mich zwar auch für mich selbst positiv verändert habe, aber es wird nicht reichen, um dir das zu geben, was du dir wahrscheinlich ganz tief innen wünschst.*

Das ist eine Annahme, die den aktuellen Frust von uns beiden zusammenhäuft und positive Veränderungen zu ersticken droht.

Manchmal bekomme ich von dir genau das, was ich mir wünsche, und manchmal nicht. Beides hängt dann von mir, von dir und den Umständen ab.

*Es macht mich müde, weil ich mich bemühe und ich will mich nicht mehr anstrengen. Auch wenn mein Beruf manchmal anstrengend ist und das letzte mehrtägige Meeting es auch war, so ist seelisch das, was du mir die letzten Tage gesagt hast, nicht nur anstrengend, sondern zerstörend.*

*Eigentlich zerstört es alles, was gewachsen war.*

Ja, in diesen Momenten sieht es so aus, als ob alles zerstört wird. Es ist Destruktion, De-struktion. Alte Strukturen, einengende Gewohnheiten werden zerstört. Im besten Falle trifft man das, was weg muss und lässt sich dort treffen, wo noch was Altes sitzt. Die schwarze Kali (eine meiner Lieblings-Göttinnen aus der indischen Mythologie) zerstört hemmende Gedankenmuster und hat Liebe im Herzen für alles Lebendige und Organische.

Obwohl ich geduldig sein kann und es auch oft bin, war ich es diesmal nicht. Der eine Tag mit dir, an dem du dich aber sichtbar erholtest, war mir zu wenig. Und als du dann zur »Tagesordnung« übergingst, platzte es diesmal. Ja, und du warst noch nicht so erholt, dass du mit dem Platzer locker umgehen konntest. Es wäre natürlich schön für mich, wenn du mit meiner natürlichen, aber manchmal auch extremen Emotionalität klarkämst. Und meistens wirst du ja damit fertig!

*Das Gute daran ist, ich erlaube mir, zu fühlen, wie verletzlich ich bin. Hätte ich mich dir gegenüber nicht so geöffnet, könnte ich es jetzt nicht erleben. Es ist ein solcher Schmerz, ...*

... ja, ich fühle mit dir und bewundere dich, dass du deinen Schmerz so offen zeigen kannst. Das verbindet mich mit dir und weckt meine Sehnsucht.

*Und gleichzeitig sagt meine Stimme in mir, dass das nicht das wahre Leben ist. Nicht Schmerz und Schatten und Trübsinn und Dunkelheit und Fernsehen und Vergangenheit ist das Leben. Das Leben ist Freude, Passion, Kreativität, Begeisterung und hier und jetzt.*

Vielleicht ist im Leben alles abwechselnd und dann wäre es mehr eine Frage der Wertung und Sichtweise? Kein Licht ohne Schatten. Yin und Yang. Wenn es so dunkel geworden ist, dass es nicht mehr dunkler werden kann, dann wird es meistens wieder hell. Einseitigkeit schafft Trennung und Härte.

*Und es reicht mir, als »nicht fühlend« von dir bezeichnet zu werden, weil ich voll bin mit dieser Fähigkeit.*

Ja, du bist voll damit, aber manchmal spaltest du es noch ab.

*Und es reicht mir, von dir für deine Launen verantwortlich gemacht zu werden. Es sind deine Launen. Du denkst so, fühlst so, wie du es entscheidest.*

Ja. Ich bin so, wie ich bin, wie du das auch für dich in Anspruch nimmst.

*Und es reicht mir, dir hinterher zu laufen und abgewiesen zu werden mit der Begründung »Du verstehst mich nicht!« oder »Es war ja keine Zeit dafür da!«. Und es reicht mir, Drohungen von dir zu bekommen.*

Ja, Hinterherlaufen ist kindlich, unwürdig für einen Mann. Ich möchte dich so wenig wie möglich abweisen und auch so wenig wie möglich abgewiesen werden. Ich möchte auch lernen, offen zu bleiben, wenn ich getroffen werde, und nicht noch heftiger zurückschimpfen. Manchmal kann ich das.

*Es reicht, es reicht, es reicht.*

Ich verstehe das so, dass du etwas anderes erleben, erfahren möchtest. Ja, da bin ich voll dabei. Wie wollen wir das gestalten? Zurückhalten wollen wir uns ja beide nicht mehr. Mein Vorschlag: Wir beschäftigen uns mal wieder mit unseren Kampfkünsten und üben es verstärkt, die vollen Potentiale herauszulassen, zu provozieren, und dann damit klarzukommen und diese zu nutzen.

*Ich will leben, verstehst du? Leben! Ich will lachen und Freude haben, bei allem. Und wenn ich mich jetzt im Spiegel anschaue, dann schauen mich Falten eines Mannes an, die nicht durch Lachen entstanden sind.*
*Ich will lieben. Ich will Sinn stiften. Ich will wertgeschätzt werden als der, der ich bin. ICH BIN. Und so wie ich bin, bin ich gut.*

Ja, den letzten Satz kann ich voll unterstreichen. Wenn allerdings das »Ich will« vom »Ich bin« abweicht, gibt es Stress.

Wenn du alle Stufen lachend meistern kannst, dann hast du es geschafft. Doch schon jetzt haben wir auch viel Spaß zusammen. Manchmal siehst du auch ganz jung aus. Kannst du mal in den Spiegel schauen, wenn wir ausführlich Liebe gemacht haben?

*Und trotzdem werde ich weiter wachsen, mich weiter entwickeln, weil ich es will und wie und wohin ich es will oder wohin ES mich führt.*
*Dafür habe ich mein Vertrauen in das Leben. Und das ist, was zählt.*

Ja, ich bin dabei.

*Und wenn ich nochmals den Text lese, den wir kürzlich zusammen gelesen haben, dann hat jeder seinen Wachstumsbeitrag zu leisten.*

Ja. – »Wachstumsbeitrag« gefällt mir gut.

*Gerhard*

Ich liebe dich! Sabrina

Vielleicht kann der Leser oder die Leserin sich vorstellen, wie dieser Dialog weitergeht, einige Missverständnisse gelöst werden, »das Museum der bösen Erfahrungen« geschlossen wird und einige positive Erkenntnisse integriert werden, bis beim nächsten Zusammenkommen die gemeinsame Flamme wieder lodern kann.

## Tipps für verbindliche Beziehungen:

*1. Achten Sie auf den momentanen Abstand zwischen sich. Je näher Sie sich kommen, desto dichter wird der Bereich von Resonanz, gemeinsamen Freuden, gegenseitiger Stärkung und positiven Resultaten.*

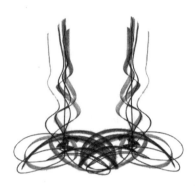 

*Doch je näher Sie sich kommen, umso mehr entsteht auch Reibung. Das Ineinander-Eintauchen lässt unerledigte Themen und Überraschungen auftauchen. Zu deren Verständnis und Aufarbeitung benötigen Sie Zeit und geeignete Kommunikationstechniken oder einen fähigen Moderator.*

*2. Wenn Sie Ihrer Beziehung eine gesunde, eigenständige Dynamik zugestehen, dann gibt es auch einen Rhythmus von Aufeinander-Zugehen, Nähe, Verschmelzung, Sich-Lösen, Für-sich-alleine-Sein und erneuter Anziehung. In jeder Phase sind unterschiedliche intrinsische Fähigkeiten gefragt, wie Mut und Initiative, Sich-Einlassen, Offenheit, Verbindlichkeit und Loslassen.*

*3. Wenn Gespräche, Liebesspiele oder Projekte unterbrochen wurden, könnte die entsprechende Spannung in Erinnerung behalten werden, so-*

*dass eine spätere Fortsetzung möglich wird. Wenn einer der Partner absichtlich oder unabsichtlich eine Pause braucht, liegt es mehr an ihm, die Fortsetzung anzustreben, wenn es soweit ist. Dennoch kann in einer verbindlichen Beziehung der Faden auch vom Partner aufgenommen werden, wenn der oder die andere ihn verloren hat.*

*4. Es gibt Themen, die eine Beziehung lange beschäftigen und damit auch beleben. Lassen Sie sich davon bewegen – schauen Sie mit den Augen des Partners, lesen Sie, reden Sie darüber solange, wie irgendein Interesse, eine Sehnsucht oder auch Ablehnung dafür besteht. Geben Sie bei Problemen niemals auf, denn es gibt viel mehr Lösungen, als Sie jemals bedenken können. Machen Sie Quantensprünge möglich, indem Sie diese für möglich halten!*

*5. Wenn Sie ein Abwehrverhalten (Kapitel 4) Ihres Partners erkennen oder selbst darauf angesprochen werden, dann besprechen Sie es in aller Ruhe und nicht gerade, wenn Sie in Stress sind.*

*6. Wenn Ablehnung oder Ignoranz bei kleinen Gesten, etwa einem Zucken im Gesicht auftaucht, dann bleiben Sie in Kontakt damit und ergründen Sie es gemeinsam, bis die darin gestaute Spannung und Information frei wird. Unter Umständen wird dann aus der Abwehr eine Lust?*

*7. Unterscheiden Sie Situationen des Klärens, in denen ausführlich, einfühlsam und auch kontrovers gesprochen wird, von gemeinsamen Aktionen, in denen Sie verbindlich zueinanderstehen und untrennbar handeln, etwa beim Liebe-Machen oder in existentiellen Situationen (Beispiel Tsunami).*

*8. Folgen Sie der erotischen Spur. Wie in Kapitel 6 beschrieben, lösen authentische, frei fließende Gefühle im Gegenüber Resonanz aus. Pflegen Sie die Kunst, Empfindungen wahrzunehmen und gemeinsam zu er-*

*leben. Halten Sie den Fokus, schalten Sie Ablenkungen aus oder kehren Sie so bald wie möglich zum Wesentlichen zurück.*

*Dieses Kapitel endet mit einer kleinen Geschichte zum Nachdenken:*

*Ein Vater ruft auf dem Sterbebett seine drei Söhne zusammen und gibt ihnen ein fest geschnürtes Bündel von Holzstäben in die Hand, das sie zerbrechen sollen. Keiner der drei Söhne schafft es, auch nicht mit äußerster Kraftanstrengung, dieses Bündel zu zerbrechen. Da nimmt der dem Tode nahe Vater das Bündel, wickelt es aus und zerbricht die Stäbe einzeln. Nach längerem Schweigen schaut er jedem Sohn nochmals in die Augen und sagt:* »Wenn ihr zusammenhaltet, wird euch niemand zerbrechen können.«

# 8. Denken, Kommunizieren, Motivieren

### Ist Denken Glücksache? Denkarten und ihre Wirkung

Ein wichtiger Schlüssel zur intrinsischen Kompetenz ist die Fähigkeit, bewusst zu denken und den Verstand wie ein Werkzeug einzusetzen, das gepflegt werden kann.

Aus Japan kommt eine Geschichte zu uns, in der die Schärfe von Schwertern beschrieben wird: Die Schwerter eines berühmten Schwertschmieds konnten an ihrer Schärfe erkannt werden. Wenn eines dieser Schwerter mit der Schneide voran in einen Bach gehalten wurde, so wurde ein im Bach schwimmendes Blatt zerteilt, sobald es die Schneide berührte. Bei normalen Schwertern dreht sich das Blatt vorbei. In der Geschichte wird nun herausgestellt, dass es ein noch vollkommeneres Schwert gab: Der Meister jenes berühmten Schwertschmiedes erstellte Schwerter, deren Schneide so scharf war, dass sie durch ein Blatt hindurchfuhr, ohne es zu zerteilen.

Wer seine Gedanken beobachtet, kann unterscheiden, welche Gedankenformen zerteilen oder ganz machen, welche weiterführen und welche ablenken, lähmen oder den ganzen Tag verderben. In früheren Kapiteln wurde dies bereits erläutert. Ein Mensch denkt gemäß seiner Charakterstruktur und in seinem aktuellen Bewusstseinszustand.

In aufregenden oder belasteten Zuständen dämpft der berühmte Cognac »zur Beruhigung« zwar kurzfristig die Regungen innerer Schichten, aber er setzt auch deren Fähigkeit herab, Unangenehmes zu verdauen und adäquat zu reagieren. Wenn Ihnen also negative Gedanken bei sich oder anderen begegnen, ist es sinnvoller, für das allgemeine Wohlergehen zu sorgen, etwa in Form einer Ruhepause [8]. Das Trinken von klarem, lebendigem Wasser unterstützt auf natürliche Weise die Vorgänge im Gehirn.

Auch das so genannte »positive Denken« kann in die Falle übermäßiger Kontrolle führen, wenn dadurch negative Empfindungen ausgeblendet werden. Vielleicht möchte man die aktuelle Zielvorstellung nicht hinterfragen und unterdrückt scheinbar unpassende, rebellische oder destruktive Impulse. Doch jeder Impuls enthält eine Kraft, die unterdrückt oder aber zum Wohle des Ganzen einbezogen wird, wenn durch eine sinnvolle Analyse wahre Beweggründe zu Tage gefördert, neu organisiert und integriert werden.

Erfolgreiches Denken ist nicht festgelegt durch starre Prinzipien, sondern offen für neue Informationen aus eigenen und fremden Quellen. Dennoch ist es diszipliniert, fokussiert und wechselt effektiv zwischen den nachfolgend beschriebenen, verschiedenen Arten.

## Lineares, logisches Denken

Geradliniges Denken ist die Denkweise, die in unserem westlichen Kulturkreis vorherrscht und einzigartige Ergebnisse, etwa in Forschung und Technik bewirkt. Sie wurde durch den griechischen Philosophen Aristoteles geprägt, der mit seiner klaren Struktur logischen Denkens viele Anhänger fand.

In strukturierter Abfolge werden alltägliche Vorgänge bewältigt, Informationen vermittelt und eine klare Ausrichtung vorgegeben.

Bei übermäßiger Verwendung führt sie zu Ermüdung, zu einer mehr oder weniger starren Einseitigkeit und zu Beziehungsstörungen. Reine Logik funktioniert im menschlichen Bereich nicht, wenn sie »irrationale« Empfindungen ignoriert und so ungewollt Distanz und Gegensätze hervorruft.

$1 + 2 = 5$ *falsch* !

Wenn Verstand und Gefühle auseinanderdriften, beginnt die mittlere Schicht, das Innere vom Äußeren zu trennen. Es wird dann unterschieden zwischen logisch und unlogisch, richtig und falsch, gut und böse, Freund und Feind. Man diskutiert, also »zerschneidet« die Argumente der Gegenseite und gerät dadurch in Auseinandersetzungen, die verletzen, emotionale Blockaden erzeugen und (Lebens-)Energie vernichten. Andersdenkende werden schnell abgelehnt oder ausgegrenzt, Hindernisse verdrängt, mit viel Aufwand oder Gewalt beseitigt (die »Endlösung«).

Andererseits hilft eine adäquate Analyse, blockierte oder übermäßige Emotionen zu klären und einen Weg zu entwerfen, auf dem deren bewegende Kraft (»E-motion«) wieder im Kontext der Gesamtpersönlichkeit integriert wird. Die Phase der »Aufklärung« im 18., 19. und 20. Jahrhundert kann als betont logischer Entwicklungsschritt im westlichen kollektiven Bewusstsein verstanden werden, mit dem Aberglaube und Verwirrungen vorangehender Jahrhunderte erfolgreich überwunden wurden.

## Zyklisches Denken

Kreisförmiges Denken basiert auf dem Wissen von Wachstum in mehreren Etappen wie Tag und Nacht, Frühling, Sommer, Herbst und Winter und Aufladung – Spannung – Entladung – Entspannung.

**Wachstum**

Seit einigen Jahren wissen wir aus der Gehirnforschung, dass auch die Rhythmen im Gehirn nicht nur nachts in den REM-Phasen, sondern auch tagsüber einem zyklischen Rhythmus von hoch und tief folgen. Dieser Rhythmus wird als ultradianer Rhythmus bezeichnet.

Immer noch weit verbreitet ist der Anspruch, dass Leistung über viele Stunden oder die ganze Arbeitszeit hinweg konstant aufzubringen sei. Wenn wir von diesem unnatürlichen Anspruch Abstand nehmen, können wir unsere Produktivität nachhaltig optimieren, indem wir die Hochphasen des ultradianen Rhythmus für volle Leistung und expressive Aufgaben nutzen und die Tiefphasen zur Ressourcenorientierung und kreativen Neuorientierung.

In der Tiefphase öffnet sich ein Fenster zu tieferen Bewusstseinsschichten, mit tiefgreifenden, grundsätzlichen, kreativen Impulsen, die das Potential tragen, kommende Leistungsphasen zu befruchten und zu motivieren. Neue Informationen können optimal einbezogen, Probleme neu definiert und genutzt werden, denn bei der Verwendung rein logischer Denkmuster bleibt das Neue oft ausgeschlossen. Wer sich dem Unbekannten öffnet, unterbricht verkrustete Abläufe, entwickelt neue Ansätze und gewinnt neue Einsichten.

*Ein beachtliches Beispiel dafür kommt von dem Chemiker Kekulé: Bei seiner Forschungstätigkeit entdeckte er organische Verbindungen, deren Eigenschaften sich mit den bis dahin bekannten Modellen linearer Kohlenstoffketten nicht erklären ließen.*

## C-C-C-C-C-C

*Nach längerer Beschäftigung damit und angestrengter Überlegung sah er eines Nachts im Traum eine Schlange, die sich in den Schwanz biss.*

*Dieser Traum führte ihn zu der völlig neuen Idee, dass Kohlenstoffatome auch ringförmig angeordnet sein könnten. Daraufhin entwarf er die Struktur des Benzolringes. Mit diesem Modell konnten viele neue Stoffe erzeugt werden, die in unserem heutigen Leben inzwischen selbstverständlich geworden sind.*

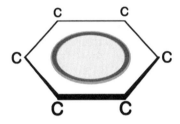

Mögen Sie sich vorstellen, wie dieser Mann tagelang, wochenlang Laborergebnisse durchgeht und versucht, diese mit dem bisher Bekannten zu erklären? Wie er nachts vor dem Kamin sitzt, grübelt, in die tanzenden Flammen schaut, die Experimente am nächsten Tag wieder durchdenkt und zum gleichen, eigentlich unmöglichen Ergebnis kommt? Wie er frustriert ist, alles abbrechen möchte, weil er keine sinnvollen Zusammenhänge findet? Wie er erschöpft in einen tiefen Schlaf fällt und dann mit diesem Traum aufwacht, in dem die Schlange sich in den Schwanz beißt?

Der Traum zeigt ihm nicht den fertigen Benzolring, ringförmig, leicht sechseckig. Der Traum zeigt ihm ein Tier. Dieser Mensch könnte jetzt auch sagen: Was soll diese Schlange! Er könnte sich fürchten oder sie vergessen. Aber nein, er ist so sehr mit seiner Thematik verbunden, er steckt tief drin und er ist erschöpft. Und dann wacht er auf mit dem Bild aus seinem Traum.

Schlangen bewegen sich normalerweise schlangenförmig, liegen still, lauern oder zischen. Aber die Schlange in seinem Traum beißt sich in den Schwanz. Was soll das? Und da macht er diese geniale Gedankenverbindung und erfindet den Benzolring. Er arbeitet die Nacht durch, schreibt, postuliert, bekommt in den folgenden Tagen und Wochen Bestätigung und auch Kritik, wird später mehrfach geehrt und darüber hinaus in Schulbüchern verewigt.

Auch in alltäglichen Situationen führt zyklisches bzw. assoziatives oder intuitives Denken zu nachhaltigen Ergebnissen, aufgrund der ihm zugrunde liegenden umfassenderen Denkweise. Übermäßiger Druck, Stress und Aggressivität werden vermieden. Vollständigere Resultate ergeben sich, wenn Potentiale, Ressourcen, Umgebungsbedingungen, Empfindungen sinnvoll mit einbezogen werden. Dies ist die Grundlage intrinsischer und gewaltfreier Kommunikation.

## Experiment zum Verständnis und nutzvollen Anwenden des kreisförmigen Denkens

*1. Erkennen Sie Ihren eigenen ultradianen Rhythmus:*
*Wie sind an normalen Tagen vormittags und nachmittags Ihre Leistungs-*
*hochs und Tiefs verteilt? Bitte notieren Sie Uhrzeiten und erstellen Sie*
*eine Hoch-Tief-Kurve, zum Beispiel für Ihre gängige Arbeitszeit.*

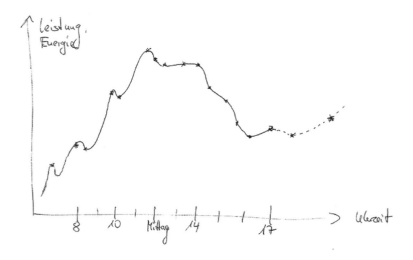

**Beispiel der Leistungskurve eines typischen Arbeitstages**

*2. Ärgern Sie sich, haben Sie ein schlechtes Gewissen, wenn ein Leistungs-*
*abfall kommt, oder versuchen Sie, diesen zu überbrücken (mit Kaffee,*
*Süßem, Sich-Zusammenreißen oder sonst wie)?*

*Wie könnten Sie diese natürlichen Zeiten (5 bis 20 Minuten) des Mehr-bei-*
*sich-Seins für sich und Ihre Tätigkeit nutzen, etwa durch Ruhen, entspannte*

155

Bewegung, kreatives Träumen, wie Kekulé, der im Traum seine Lösung fand? Sie könnten in dieser Zeit auch einfach nur etwas tun, das wenig Konzentration beansprucht, wie Papierkorb leeren oder aufräumen.

3. Wie können Sie Ihre eigenen Vorhaben, Projekte und Termine mit den Zeiten Ihres Leistungs- und Ausdruckshochs (90 bis 120 Minuten) in Korrelation bringen?

Bei mehreren Beteiligten stimmen sich die Kurven meist schnell aufeinander ab.

## Systemisches Denken

Das systemische oder vernetzte Denken beginnt mit dem Einnehmen einer geeigneten Perspektive. Eine vernetzt denkende Person betrachtet ihr Thema von außen, mit einem gewissen Abstand zu der Situation, um die es geht. So wird es möglich, Einzelheiten differenzierter wahrzunehmen und in einem größeren Zusammenhang einzuordnen.

Als Ergänzung zum subjektiven Wahrnehmen, wie es in Kapitel 6 mit all seinen Vorteilen beschrieben ist, eröffnet das systemische Denken von außen oder von oben den Blick für das Ganze.

Mögen Sie sich einen Moment lang vorstellen, mit dem Hubschrauber über Ihrem Betrieb oder Ihrem Wohnhaus zu schweben und von hier oben aus all die schönen und schwierigen Situationen betrachten, die Sie allein und mit anderen dort durchleben? Vielleicht genießen Sie die Freiheit und Leichtigkeit Ihres Aufenthaltsortes. Achten Sie auf die Zusammenhänge von einzelnen Bereichen und knüpfen Sie neue Verbindungen. Im Management spricht man hier vom »Arbeiten am System und nicht im System«.

Systemisches Denken fördert ganzheitliche, globale Lösungen. Abläufe in der Zukunft werden antizipiert, etwa mit der Frage:»Was wäre, wenn ...« Es eröffnet neue Möglichkeiten, lässt Annahmen zu, hat aber nicht den Anspruch auf eine richtige Lösung. Verschiedene Resultate können so miteinander abgeglichen werden, die durch gegensätzliche oder sich ergänzende Maßnahmen erreicht würden.

In diese Überlegungen werden die Menschen, Kompetenzen und Ressourcen des Systems mit einbezogen. Mit der Grundhaltung, dass die Lösung im System selbst enthalten ist, werden entsprechende Informationen herausgefiltert.

Diese zentralen Informationen werden zu geeigneter Zeit an passenden Stellen platziert. Dadurch werden Motivationen und Kräfte von innen heraus freigesetzt. Wenn diese sich selbst steuernden und sich selbst regenerierenden Kräfte walten, gibt es weniger Reibung, weniger Verschleiß und dafür bessere Ergebnisse.

Vor einer schwierigen Präsentation könnte es für den Vortragenden eine tolle Überraschung sein, wenn er seine Tasche öffnet und den handgeschriebenen Hinweis einer ihm nahe stehenden Person findet: »Du schaffst es!« oder »Ich denke an dich!« Geeignete Stellen könnten auch der Badezimmerspiegel sein, die Kühlschranktüre oder die Türe zur Betriebsversammlung mit einem sensibel-konstruktiv gehaltenen Hinweis.

Welche »zentrale Information« würde Ihnen oder Ihrem Umfeld gut tun? Probieren Sie es am besten gleich aus.

Auf diese Weise entfaltet sich eine angenehme, kooperative und produktive Atmosphäre. Stellen wir uns einen Betrieb vor, in dem die Menschen aufeinander eingehen, in dem gerne und motiviert gearbeitet wird. Eine entsprechende Kultur baut sich im Unternehmen auf, wenn an verschiedenen Stellen Impulse gesetzt werden, die von innen heraus weiter getragen werden und so in die Umsetzung gelangen. Durch diese persönliche Beteiligung entwickelt sich eine natürliche Verantwortung für das Gesamte. Verschiedene Abteilungen, Mitarbeiter und Führungskräfte ergänzen sich, die intrinsische Kompetenz des Unternehmens kommt zum Tragen. Das gibt auch Stabilität.

In persönlichen Beziehungen und im Familienverbund fördert diese Haltung und diese Denkweise ebenfalls den Freiraum der Mitglieder bei gleichzeitigem Miteinander. »Was wäre, wenn wir dieses Jahr im Winter entweder in die Berge zum Skifahren oder zum Tauchen auf die Malediven gehen? Wo wäre da für jeden von der Familie etwas dabei? Was könnte das für uns alle zusammen an Neuem bedeuten? Welche Bedürfnisse, Wünsche und Erwartungen an den Urlaub würden erfüllt, welche nicht?« Und jeder bekommt Zeit und Raum, sich einzubringen, sodass etwas neues Gemeinsames entsteht[24].

**Anregungen:**

*1. Machen Sie sich bewusst, ob Sie grundsätzlich eine der beschriebenen Denkarten bevorzugen.*

*2. Erwägen Sie, die verwendete Denkart der jeweiligen Thematik anzupassen. Wenn Sie mit der Bahn von A nach B fahren, ist es sinnvoll, in der Logik des Fahrplanes zu denken, bei komplexeren oder menschlichen Themen sind zyklische und systemische Denkweisen angebracht.*

*3. Wenn Sie für oder mit Menschen denken, ist die äußere Schicht am besten zu berechnen. Wenn Sie bei Ihren Berechnungen spontane Impulse und Reaktionen der inneren Schichten mit einbeziehen, müssen Sie weniger oder keine Rückschläge hinnehmen. Bevor Sie jemanden etwa in ein griechisches Restaurant einladen, wäre es sinnvoll, herauszufinden, ob sie oder er die dort angebotenen Speisen auch mag. Vielleicht können Sie das vorher miteinander bereden?*

# Kommunizieren

Intrinsische Kommunikation folgt ähnlichen Pfaden, wie es in früheren Kapiteln anhand des Drei-Schichten-Modells erörtert wurde. Wir gehen davon aus, dass es äußere und innere Persönlichkeitsanteile der Gesprächspartner gibt, die harmonisch miteinander in Berührung kommen oder auch Spannungen erzeugen, die Verwicklungen verursachen können (Kapitel 4), jedoch im günstigsten Falle kreativ umgesetzt werden, vielleicht sogar mit genialen Ergebnissen!

Auch wenn die Unterredung zweckmäßig und zielorientiert ist, bringt es deren Ablauf in Schwung, wenn alle Beteiligten in einer freundlichen Art auf unwillkürliche körperliche und emotionale Regungen achten. Unwillkürliche vitale Impulse können steif unterdrückt oder aber miteinander geteilt und verwertet werden. Kleine irrationale Widerstände und Ängste werden so erkannt, befreiend angesprochen und sogar genutzt, berechtigte Bedenken integriert. Zunächst anscheinend nebensächliche Anwandlungen, wie kleine Gesten oder eine besondere Wahl der Worte bergen manchmal die Lösung in sich!

## Experiment für eine freie Kommunikation

*Vielleicht mögen Sie sich jetzt an eine Begegnung mit einem Menschen erinnern, mit dem Sie sich spontan gut verstanden haben? Das könnte ein Kollege sein, eine Kollegin, ein Geschäftspartner, jemand aus der Familie, eine Bekannte oder der geheimnisvolle Unbekannte, mit dem spontan eine Verbindung entsteht.*

*Achten Sie auf das Vertrauen, das sich in dieser Begegnung herausschält. Spüren Sie die Freude und Wonne, in dieser offenen Art zu kommunizieren. Genießen Sie diesen Zustand, vielleicht mögen Sie ihn jetzt noch* verstärken, indem Sie sich aufrichten, sich gleichzeitig entspannen und vollkommener atmen. Vielleicht mögen Sie auch bemerken, wie Sie sich insgesamt etwas ausdehnen und von innen heraus wärmer werden. Bleiben Sie so lange dabei, bis Sie sich in dieser Vision einer angenehmen Begegnung körperlich wohl und ausgeglichen fühlen.

Im nächsten Schritt machen Sie sich bitte bewusst, dass Sie selbst es sind, der oder die diese offene Haltung erzeugt. Es ist eine alte Gewohnheit, gute oder schlechte Gefühle an der entsprechenden Situation oder dem anderen Menschen festzumachen und entsprechend Leid oder Freude zu erfahren. Doch nun, in diesem Moment jetzt bietet sich die Gelegenheit, freier und selbständiger zu werden.

Wollen Sie die Gelegenheit nutzen, eine hemmende Einstellung loszulassen, frei und autark zu sein? Wenn ja, dann lösen Sie sich nun von der Vorstellung, dass andere Menschen Sie automatisch beeinflussen könnten, und nehmen Sie die Verantwortung für sich selbst zu sich. Vielleicht mögen Sie eine Geste mit der Hand oder mit den Armen machen – mit einer langsamen, gefühlten Bewegung – und dabei erleben, wie Sie tatsächlich etwas zu sich zurückholen, das Ihnen gehört. Vielleicht können Sie sehen oder spüren, wie das Ihre Macht über sich selbst verstärkt. Wollen Sie diese Kraft zu sich nehmen? Ob ja oder nein, bleiben Sie noch einen Moment da, wo Sie sind und betrachten Sie die Konsequenzen.

Wollen Sie noch einen Schritt machen? Es folgt eine Grundübung für intrinsische Kompetenz, die Sie jederzeit machen können. Sie können sich damit auch auf Situationen vorbereiten, in denen es darauf ankommt oder sich an diese Übung erinnern, wenn Sie mitten drin sind.

Es könnte eine Herausforderung für Sie werden, auf die Sie sich vorbereiten können: Verankern Sie sich noch mehr in sich, indem Sie tiefer ein- und ausatmen, dabei die Bewegung im Bauch wahrnehmen und sich da-

*mit im Bauch-Becken-Bereich zentrieren. Achten Sie auch auf Ihre Ver-*
*bindung zum Boden, indem Sie Beine und Füße wahrnehmen und spüren,*
*wie die Fußsohlen – eventuell imaginär durch die Schuhe hindurch – den*
*Boden berühren.*

*Spüren Sie, wie Sie im Atem und im ganzen Körper da sind, spüren Sie*
*Ihre Mitte unterhalb des Bauchnabels und Ihre Erdung.*

*Während Sie weiter atmen und in sich ruhen, erinnern Sie sich nun an*
*eine spannungsgeladene Begegnung oder einen Streit mit der gleichen*
*Person, mit der Sie vorher die harmonische Begegnung imaginierten. Sie*
*können aber auch jemanden aussuchen, mit dem es Ihnen leicht fällt,*
*Spannung »hochpoppen« zu lassen. Dies ist jetzt die angekündigte Her-*
*ausforderung.*

*Die Herausforderung besteht nun darin, weiterzuatmen, weiter Ihre Mitte*
*und Ihre Verbindung nach unten wahrzunehmen, während Sie in Ihrer*
*Vorstellung die Person betrachten, mit der Sie sich in dieser spannungs-*
*geladenen Situation befinden. Vielleicht ist es sogar möglich, ihm oder ihr*
*ins Gesicht zu schauen, in die Augen? Doch bleiben Sie auch bei sich,*
*atmen Sie weiter, zentriert und geerdet.*

*Ist es möglich, die Spannung als etwas zu erleben, was sich zwischen*
*Ihnen und der Person befindet, wie ein Energiefeld, das Sie sehen kön-*
*nen, eventuell in einer beweglichen Form; ist es vielleicht farbig? Vielleicht*
*hören Sie die Spannung als Klang oder Geräusch; vielleicht spüren Sie*
*etwas mit den Händen oder auf der Haut, wie Wärme, ein Kribbeln oder*
*eine Art magnetisches Feld?*

*Im Idealfall befindet sich dieses Spannungsfeld in der Mitte zwischen Ih-*
*nen und Ihrem Gegenüber; vielleicht können Sie es sogar in irgendeiner*
*Weise kontaktieren und ein wenig bewegen, von Ihnen weg, mehr zu Ih-*

*nen hin, zur Seite, nach oben oder nach unten. Wenn möglich, spielen Sie etwas mit diesem Feld, jedoch bleiben Sie auch in Kontakt mit sich selbst, über Ihr Atmen und Ihr Körperbewusstsein.*

*Je nach Ihrer eigenen Typologie, die Sie später noch weiter erforschen können, je nach Typ Ihres Gegenübers und je nach Eigenart dieses Beziehungsfeldes, das zwischen Ihnen beiden herrscht, wäre es denkbar, dass dieses Feld der Spannung nicht zwischen Ihnen steht, sondern in Sie hineinreicht. Es könnte Sie eventuell sogar irgendwo bedrängen oder fixieren. Wenn das so ist, dann bleiben Sie bitte dennoch präsent, atmen Sie weiter, spüren Sie sich im Körper. Indem Sie hinschauen, hinspüren, hinatmen, tut sich die Chance auf, sich von dem, was zu viel ist, zu befreien. Indem Sie es bemerken und sich ihm stellen, wird es zugänglich. Das ist Ihre Gelegenheit. Vielleicht wird es möglich, jetzt auszuweichen, sich zu lösen, oder aber eigene Kraft zu sammeln und damit den Eindringling zurückzudrängen, bis das Spannungsfeld wieder seinen regulären Platz zwischen Ihnen einnehmen kann. So machen Sie sich von der Fixierung oder der Bedrängung frei.*

*In anderen Fällen sind Sie vielleicht gar nicht in Kontakt mit dem Spannungsfeld oder bemerken, wie es Ihr Gegenüber bedrängt. In diesen Fällen könnten Sie überhaupt erst einmal Kontakt aufnehmen oder aber Ihrem Gegenüber helfen, sich zu befreien und in eine gleichberechtigte Situation zu kommen. Die Spannung könnte sich auch in einer spezifischen Weise zeigen oder bemerkbar machen, die genau Ihrer aktuellen Situation entspricht.*

*Sind Sie noch in sich und in Ihrem Körper? Atmen Sie bewusst weiter vollständig ein und aus, achten Sie auf Ihren Mittelpunkt und Ihre Verbindung nach unten. Halten Sie eine lockere Verbindung zum Spannungsfeld und durch dieses Feld hindurch zu Ihrem Gegenüber. Beginnen Sie nun damit, das Feld zwischen sich zu spüren, es zu bewegen und damit zu spielen. Bleiben Sie locker, aber auch präsent und zentriert und wenden Sie entspannte Kraft an, die aus Ihrem Inneren strömt, um mit der Spannung zu spielen, sie hin- und herzubewegen, hoch und runter, vor und zurück. Nach einer gewissen Zeit öffnet sich irgendwo zwischen Ihnen und Ihrem Gegenüber oder auch in Ihnen ein Raum, in den hinein die Spannung sich entladen kann. Das kann für beide angenehm sein. Dies deutet dann eine Lösung an, die im Gespräch auftaucht oder sich in anderer Weise manifestiert, als eigene Einsicht oder als Handlungsimpuls. Wenn Sie die Spannung lange genug gehalten haben, ausgehalten, sie bewegt haben, dann löst sie sich in ihrer eigenen Weise, in einer Art, die für Sie, Ihr Gegenüber und die Situation typisch oder auch überraschend in eine neue Dimension hineinmündet. Wenn Sie das so oder in Ihrer eigenen Weise erleben, genießen Sie die Veränderung und merken Sie sich das, was den Ausschlag für die Veränderung gibt. Vielleicht können Sie das nachher aufschreiben, jemandem mitteilen oder sonst wie verankern.*

*Beenden Sie nun Ihr Experiment, indem Sie sich aus dieser Vision mental verabschieden, nochmals bewusst Ihren Atem erleben, wie er ein- und ausfließt, und indem Sie auf Ihren ganzen Körper achten. Wenn Sie sich auch nach diesem letzten Schritt wohlfühlen, können Sie sich zu Ihrer guten Kommunikationsfähigkeit beglückwünschen. Doch auch wenn Sie an einer Stelle hängen geblieben sind, könnte dies ein Hinweis für weitere Entwicklungsschritte sein. Mögen Sie nun etwas aufschreiben, aufzeichnen, mitteilen oder irgendwie weiterführen?*

Eventuell kommt nach diesem ersten Einblick in die Möglichkeiten der Bewältigung und konstruktiven Nutzung von Spannungen zwischen Menschen weiteres Interesse auf für ausführlichere Experimente. Wer sich näher damit beschäftigen will, eventuell auch im Feld eigener Beziehungen, findet auf der DVD zum Buch einige Übungen und Experimente in gesprochener Form zum Anhören und Vertiefen.

Das Ziel intrinsischer Kommunikation ist eine Stärkung intrinsischer Kompetenz und Motivation – und damit eine Stärkung des Ausdrucks und der Leistungsfähigkeit von innen heraus. Nach und nach richtet sich die Aufmerksamkeit von der ursprünglich starren oder nebulösen Persona auf den eigentlichen, talentierten, lebendigen und tragenden Wesenskern. Damit verschiebt sich auch die Identität auf das Eigentliche. »Ich bin, der ich bin« (Christus), »I am, what I am« (Tina Turner).

Im Gegensatz dazu steht eine extrinsische Kommunikation, die »nur« die Persona, die äußere Schicht anspricht, wobei meistens übersehen wird, was mit der inneren Schicht geschieht, die z. B. missverstanden, ignoriert, abgelehnt, gedemütigt oder auch inflationär hervorgehoben, eben nicht adäquat angesprochen wird. Dadurch entsteht jedoch eine Trennung zwischen den Schichten, der Kern gerät unter Druck, schwindet oder löst sich auf, die Grauzone in der mittleren Schicht baut sich auf. Man kann es wahrnehmen, wenn jemand unglaubwürdig wird.

Bei Misserfolgen können wir herausfinden, inwiefern Teile der Grauzone daran beteiligt sind. Eventuell können diese entgraut werden. Vielleicht wird aber auch der Kern durch äußere Aufgaben überfordert, sodass die Grauzone sich aufbaut in Form von Widerständen, Ablenkungen, Spaltungen. Empfiehlt sich dann eine Korrektur äußerer Parameter, wie Aufgabenänderung oder Änderung der Vorgehensweise? Möglicherweise wird das Problem aber auch dadurch gelöst, dass die intrinsische Kompetenz des betreffenden Menschen trainiert wird, wobei er lernt, dem Druck standzuhalten und seine Aufgaben locker zu meistern.

In einem Gespräch gibt es zum einen das Thema, die Sache, um die es geht, zum anderen einen an- und abschwellenden Fluss von Gedanken, Empfindungen und Gefühlen. Wenn es möglich wird, das innere Wesen der Gesprächspartner in irgendeiner Weise teilhaben zu lassen, können auch Aufgaben Kern-gerecht formuliert werden und Widerstände akzeptiert, integriert und transformiert werden. Dadurch entwickelt sich ein flüssiger Austausch zwischen diesen Menschen, sodass beim Abschied jeder etwas Erfreuliches im Gefühl oder in der Sache mitnimmt und beflügelt weiterzieht.

Intrinsische Kommunikation ist eine gewaltfreie Kommunikation und damit letztendlich effektiver als eine lineare, frontale Redeweise. Eine Ansprache, die aus kurzsichtigen Motiven gewollt oder ungewollt unterdrückt, erzeugt Widerstände, Gewalt und Verwicklung und kann daher nicht Kommunikation genannt werden. Vielleicht wird kurzfristig, aber auf anstrengende oder verletzende Weise etwas erreicht, aber langfristig werden doch nur Energien, Lust, Beziehungen und Ressourcen vernichtet.

## Integratives Denken und Kommunizieren

Menschen denken und kommunizieren integrativ, wenn sie gegensätzliche Sichtweisen ertragen und sich von Gefühlen ergreifen lassen. Sie lehnen andere nicht ab, werten nicht global und agieren Spannungen nicht explosiv aus. Diese Menschen versuchen etwas anderes:

**Integratives Denken und Kommunizieren erweitert den Horizont**

Sie halten aufkommende Spannungen aus, erkennen und lokalisieren sie, akzeptieren sie, sprechen sie an. Sie lassen sich von Gegensätzen bewegen, sie wollen dem Problem ins Gesicht schauen und die Spannung so lange spüren und erforschen, bis deren Energie genutzt werden kann und sich ein echter, multilateraler Weg eröffnet. Dies wird auch kreative Konfliktbewältigung genannt. Bei der Lösung sind beide Gehirnhälften beteiligt, Logik und Intuition, Kopf und Bauch arbeiten zusammen.

Stellen Sie sich bitte einmal vor, was passiert, wenn Menschen das Gespräch suchen, um auf vorsichtige und respektvolle Weise die Differenzen mit dem Partner auf den Tisch zu legen und dann zusammenbleiben oder sich erneut treffen, bis sich ein für beide zufriedenstellender Weg auftut, eventuell auch mithilfe eines Moderators. Was wird geschehen, wenn Staatsmänner aus Asien, Amerika, Europa, Afrika und Australien zusammenkommen und sich in den Kulturen ihrer Völker und deren Prioritäten so gründlich verstehen, dass sie der »erotischen Spur« (siehe Kap. 5) folgen können?

## Beziehung statt Erziehung

Am Beispiel der sogenannten Wirtschaftskrise können wir sehen, wie einseitiges, auf schnellen Gewinn ausgerichtetes lineares Denken dem Ganzen schadet und das Vertrauen Vieler missbraucht. Dagegen benötigen zyklische, vernetzte und integrative Denkarten und Kommunikationsformen anfänglich mehr intrinsische Kompetenz, Zeit und Raum für die Aktivierung und Einbeziehung des Wesenskerns, zeigen dann aber ihre größere Breitenwirkung.

Ein großer Gewinn wird vor allem im Umgang mit Kindern, Jugendlichen und Erwachsenen erzielt, wenn der Grundsatz angewandt wird: Beziehung statt Erziehung.

Machen wir uns bewusst, wie schnell eine Verletzung des Vertrauensverhältnisses eintreten kann, wenn Eltern oder Lehrer, die nicht in ihrer intrinsischen Kompetenz ruhen, streng oder aber auch bequem oberflächlich unsensibel ihre Privilegien missbrauchen[23]. – Und machen wir uns bitte auch bewusst, welcher emotionale, geistige und finanzielle Gewinn durch optimiertes Beziehungsmanagement möglich wird.

Das beginnt mit dem Zuhören, indem wir den Gedanken des Gesprächspartners in uns Raum geben und ihn in seinem tieferen Anliegen verstehen, bevor wir eigene Ideen daran anknüpfen und in einer Weise ausdrücken, die den anderen mit einbezieht.

Wenn ich (Martin) von einer Idee besessen bin und sprudelnd damit herauskomme, fällt es mir manchmal auf, dass der Gesprächspartner ruhig wird, zu ruhig, wenn ich mich längere Zeit im Monolog befunden habe. Wenn ich das nicht bemerke, nur auf mich und die tolle Idee fixiert war, kann dabei einiges verloren gehen. Eventuell ernte ich Desinteresse oder gar Zurückweisung, verliere die eigene Begeisterung und muss neu ansetzen. Wenn ich dagegen aufmerksam bin und den Partner mit einbeziehe, geschieht dies nicht. Ich lasse ihm dann seinen Raum und frage, was er meint und was das Erzählte in ihm auslöst.

Als ich am vierten Abend unserer Beziehung meiner zukünftigen Frau in vollem Enthusiasmus die theoretischen Grundlagen der Evolutions- und Erregungskurve (siehe Kapitel 3) darstellen wollte, übersah ich vollkommen, dass sie eigentlich müde war, mir aber dennoch höflich zugehört hatte. Ich wunderte mich später über die mangelnde Resonanz und räumte etwas pikiert die verwendeten Unterlagen wieder auf. Einige Tage danach konnten wir mit großem Gelächter aufklären, wie wir auseinandergeraten waren.

**Tipps zur integrativen Kommunikation:**

1. Achten Sie zwischendurch oder generell darauf, wo die Aufmerksamkeit Ihres Gesprächspartners gerade ist.

2. Bevor Sie etwas Wichtiges mitteilen, könnten Sie ihn fragen, ob er zuhören kann.

3. Eventuell ist es sinnvoll, wenn Sie Ihren Partner zuerst seine Gedanken oder Empfindungen ausdrücken lassen, damit er Ihnen nachher besser zuhören kann.

4. Auch bei sachlichen Themen können subjektive Empfindungen den Spaß und die Aufmerksamkeit erhöhen.

5. Bei Dissonanzen nützt es, wenn jeder seine subjektiven Empfindungen ausdrückt, den Auffassungen des anderen zuhört und diese gelten lässt. Dafür werden zwar Zeit und Kraft benötigt, doch das Gespräch wird sonst unterschwellig gebremst. Es beginnt damit, dass Störungen in der Kommunikation überhaupt wahrgenommen und dann auch artikuliert werden.

6. Wiederholen Sie kurz, was Sie von Ihrem Gesprächspartner aufgenommen und verstanden haben. Das gibt ihm und Ihnen ein gutes Gefühl und deckt Missverständnisse auf.

7. Achten Sie auf Resonanzen mit Ihrem Gesprächspartner und genießen Sie diese. Sie könnten zum Beispiel gemeinsam lachen, wenn es etwas zu lachen gibt oder sich offen in die Augen schauen, wenn Sie miteinander übereinstimmen.

*8. Nutzen Sie synergetische Effekte für einen Gesprächserfolg, indem Sie extrinsische und intrinsische Vorteile für alle Beteiligten herausstellen. Das können finanzielle, moralische und gesundheitliche Gewinne sein.*

*9. Geben Sie jeden Tag Feedback an Kollegen, Freunde oder Fremde. Beglückwünschen Sie eine gut gemachte Aufgabe, zeigen Sie Wertschätzung, bewerten Sie Errungenschaften, oder thematisieren Sie einen verfehlten Leistungsstandard.*

*10. Bitten Sie häufig um Feedback. Wenn Sie wissen, was läuft, können Sie das Richtige tun. Tragen Sie die Verantwortung für Ihre Entscheidungen und deren Auswirkungen, indem Sie sich ein umfassendes Bild davon machen!*

*11. Folgen Sie der erotischen Spur, indem Sie auch die Energie von Ablenkungen und Unterbrechungen nutzen und sich umso mehr an der Entfaltung des Wesentlichen erfreuen.*

## Motivieren

In vielen Situationen sind klare Anweisungen und Regeln angebracht, damit Bewegung geschieht. Wenn ein Motivator in seiner eigenen intrinsischen Kompetenz ruht, erreicht er die Menschen vollständig, begeistert sie und nimmt sie mit, als Redner, Sänger, Schauspieler, Politiker, Führungsperson, Lehrer und auch als Kollege, Nachbar, Familienmitglied.

Nach neueren Erkenntnissen können Menschen durch intrinsische Motivation einfach, stark und nachhaltig motiviert werden, denn am schönsten und effektivsten werden Arbeiten erledigt, wenn sie mühelos, von innen heraus und im Flow geschehen. Zu diesem Zweck verhält sich der Motivator nicht überredend, manipulierend oder verführend, sondern er platziert geeignete Informationen an den dafür geeigneten Stellen im Informationsfeld.

Wie funktioniert intrinsisches Motivieren?

*Ein Chef wird seinen Mitarbeiter wahrscheinlich demotivieren oder verärgern, wenn er ihm einfach nur sagt, dass er heute länger arbeiten muss. Dieser Vorgesetzte sieht sicherlich die wichtigen Arbeiten, die es noch zu erledigen gibt, ist eventuell selbst darin involviert und begründet die knappe Anweisung damit, keine Zeit verlieren zu wollen. Was in seinem Mitarbeiter dabei vor sich geht, wird er aus demselben Grund ignorieren und sich auch keine Gedanken machen, ob jener dadurch bestärkt wird, effektiv und mit gutem Ergebnis seine Arbeit zu erledigen.*

*Doch wie gefällt Ihnen stattdessen dieser Dialog: »Herr Müller, gerade habe ich mit einem Kunden telefoniert, der sich sehr für eines unserer Produkte interessiert. Ich erstelle gerade ein umfangreiches Angebot. Dieses sollte dann schnell heraus, damit sein Interesse auf fruchtbaren Boden fallen kann. Könnten Sie das später noch schreiben und verschicken? Da wird es heute bei Ihnen länger werden.« Herr Müller: »Ich wollte heute Abend eigentlich mit meiner Freundin ins Kino.« Vorgesetzter: »Oh, das wusste ich nicht. Könnten Sie Ihre Freundin mit einem netten Gruß von mir anrufen und fragen, ob es möglich ist, die Vorstellung stattdessen morgen oder übermorgen mit Ihnen zu besuchen? Sie könnten ja dann vor dem Kino mit ihr Essen gehen. Ich übernehme dafür die Kosten, wenn der Kunde das Angebot annimmt. Oder haben Sie einen anderen Wunsch?«*

Die Interessen des zu Motivierenden werden in das zu erreichende Ziel mit einbezogen. Je mehr sein Wesenskern angesprochen und beteiligt wird, umso größer ist seine intrinsische Motivation.

Für die Vergabe von Belohnungen und Abmahnungen gibt es eine einfache Formel:

1. Belohnungen sollten den intrinsischen Kern ansprechen, sodass das Wesen dieses Menschen dadurch gestärkt wird. Die Anerkennung wird also für die gute Zusammenarbeit, ein außergewöhnliches Verhalten oder eine hohe Leistungsfähigkeit ausgesprochen.

2. Eine Mahnung sollte an die extrinsische Persona gerichtet werden, wenn möglich, mit Benennung der eigentlichen Blockade, der grauen mittleren Schicht, (Beispiel: »diese Sprachlosigkeit« oder »diese Antihaltung«), vielleicht sogar verbunden mit einer Maßnahme, die eine Beschäftigung an der Blockade ermöglicht und somit einen Lernprozess in Gang setzt.

Hier könnte eine Abmahnung wegen Fehlern, die durch mangelnde Kommunikation mit Kollegen oder Vorgesetzten entstanden sind, gekoppelt werden mit der gut gemeinten Auflage, z. B. einen Lieferanten mit ähnlichem unkooperativem Verhalten zu betreuen, sodass es dem Betroffenen möglich wird, die Auswirkungen seines ursprünglich eigenen Verhaltens aus einer anderen Rolle heraus zu erleben, also jetzt als Betreuer, der auf die Kooperation des Lieferanten angewiesen ist. So könnte er aus dieser Maßnahme heraus »von selbst« eine andere Sichtweise und mit der Zeit eine wesentliche Einsicht für sein ganzes Leben gewinnen und am Ende für sich und den Lieferanten eine echte Lösung finden.

Was passiert, wenn ein bereits fertiges Produkt (extrinsisch) gelobt wird, z.B. die neue Ausgabe eines Modemagazins, nicht etwa inhaltlich und mit Anerkennung aller Mitwirkenden, sondern nur, weil es eine hohe Verkaufsauflage erreicht hat? – Der Erfolg liegt bereits in der Vergangenheit, es wird höchstens das Ego aufgeblasen, bzw. der Mensch begibt sich in den Ruhezustand und wird in seinem Wesen nicht gefördert.

Durch intrinsische Belohnung wird Aufmerksamkeit auf das Wesen der Zielperson gelenkt: Der intrinsische Kern wird gestärkt, und das ist die Instanz, die in der Gegenwart und weiterhin in der Zukunft die Leistung erbringt.

Daher macht es Sinn, mit Belohnungen vor allem den Kern eines Menschen zu stärken, mit Aufmerksamkeit und Anerkennung (intrinsisch) oder mit einem materiellen Geschenk (extrinsisch), das jedoch wiederum auf den Kern gerichtet ist und dann intrinsisch wirkt, etwa ein Seminar, das ein Talent des Angesprochenen entwickelt.

***Impulse:***

*1. Wie stärken und motivieren Sie sich selbst?*

*2. Kennen Sie Ihre eigene Abwehrhaltung (Kapitel 4)?*

*Wenn nein, wie könnten Sie dieser auf die Spur kommen, etwa durch Gespräche mit Nahestehenden oder durch Coaching?*

*Wenn ja, wie könnten Sie sich spielerisch mit Ihren inneren Widerständen beschäftigen, um deren Gefühle und Kräfte kennenzulernen und später sogar zu nutzen?*

*3. Lernen Sie die Kraft der Motivation am eigenen Leibe kennen. Vielleicht gibt es bei Ihnen ein zartes Talent, das Sie selbst bei sich fördern oder fördern lassen, etwa in einem passenden Seminar?*

*4. Wollen Sie gerne andere Menschen fördern und motivieren? Welche Menschen wollen Sie gerne fördern, und auf welche Weise könnte das geschehen? In mancher Situation wirkt ein aufmerksamer Blick oder ein liebevoll berührendes Wort wie ein Wunder.*

*5. Wenn Sie jemandem eine Rüge oder Abmahnung erteilen, könnten Sie in der Formulierung darauf achten, dass der kritische Punkt – wahrscheinlich in der mittleren Schicht – so genau wie möglich getroffen wird. Schützen Sie den Kern dieses Menschen. Vielleicht können dennoch auch Talente und Leistungen erwähnt werden. Beschreiben Sie das Ziel, das mit der Rüge erreicht werden soll. Bleiben Sie sachlich und positiv präsent. Eigene Sorgen und Ärger sollten an anderer Stelle bearbeitet werden (Kapitel 6).*

6. Würden Sie gerne eine Leistung, Erfindung oder besondere Tat mit einem Geschenk belohnen? Dann könnten Sie darüber nachdenken, welcher Art das Geschenk sein könnte, damit es nicht weggestellt oder vertrunken wird, sondern die begünstigte Person in ihrem Kern berührt und fördert.

# 9. Neun Schritte zur intrinsischen Kompetenz

Es gibt Menschen im öffentlichen Leben, die sich mit intrinsischer Kompetenz durchgesetzt und verwirklicht haben. Denken wir an Mahatma und Indira Gandhi, John F. Kennedy, Martin Luther King, Michail Gorbatschow oder Anthony Robbins. Hope Lehmann war eine Sozialreformerin von visionärer Kraft, die erst heute bestätigte Erkenntnisse über Erziehung von Kindern und die Gleichberechtigung zwischen den Geschlechtern schon zu Beginn des 20. Jahrhunderts mit eindrucksvollen Teilerfolgen durchsetzte. Fortschrittliche Unternehmer und Mitarbeiter erfüllen ihre Tätigkeiten mit Herzblut und Leidenschaft, weil sie die Erfahrung haben, dass erfolgreiches Denken, konsequentes Handeln und Schaffenslust sich gegenseitig verstärken.

Gehören Sie auch zu diesen Menschen oder kennen Sie eine Person aus Ihrem näheren Umfeld, die mit ihrem Talent Karriere macht und sich den Beruf so einrichtet, dass die Lust nicht verloren geht? Es könnte auch eine Person sein, die das Eigentümliche ihres persönlichen und beruflichen Werdeganges versteht und daraus Kraft schöpft.

Im Gegensatz dazu steht jemand, der seine Rückenschmerzen einfach so hinnimmt nach dem Motto: »Jede Arbeit hat ihre Nachteile.« Eventuell schluckt er Ärgernisse oder Verletzungen hinunter, ohne etwas zu unternehmen. Oder denken Sie an einen Menschen, der eine tolle Idee hat, aber keinen Schritt macht, diese zu verwirklichen.

Wenn Sie, liebe Leserin und lieber Leser, vom Anfang bis zum letzten Kapitel dieses Buches gegangen sind und einige aufschlussreiche Erfahrungen mit Ihrer intrinsischen Kompetenz gemacht haben, zählen wir Sie zu den Menschen, die Veränderungen im Leben akzeptieren oder gar als Bereicherung aufsuchen. Wer auf das althergebrachte Auf- und Abwerten verzichtet, kann durch Unannehmlichkeiten und Erfolge wachsen und sich den Weg in die Zukunft freimachen.

Vielleicht haben Sie sich auch schon die Frage gestellt, wie sehr Sie sich auf Ihre inneren Fähigkeiten verlassen können, wenn es um wichtige Entscheidungen und Aktivitäten geht, und wie weit äußere Faktoren den Ausschlag geben. Im folgenden Diagramm können Sie sich diesbezüglich einordnen. Fokussieren Sie sich dabei auf Ihre normale Haltung im Leben.

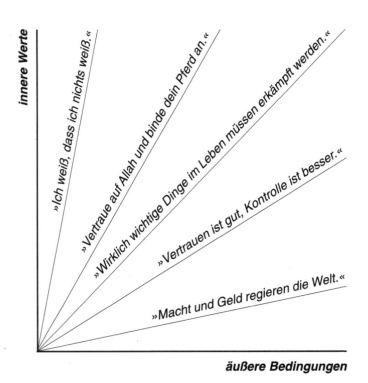

Sind Sie offen für das, was Sie (noch) nicht verstehen, vertrauen den Windungen Ihres Lebensweges und meistern damit auch schwierige Aufgaben? Oder können Sie dem gläubigen Beduinen in der Wüste zustimmen, der sich abends vertrauensvoll zum Schlafe niederlegt, aber dennoch Sorge trägt, dass am nächsten Morgen sein Pferd noch da ist? Vielleicht sind Sie auch der Meinung, dass die wirklich wichtigen Dinge im Leben erkämpft werden müssen? Vertrauen Sie lieber der Logik Ihres Verstandes oder räumen Sie Macht und Geld die oberste Priorität in der Welt ein? – Sie können Ihre Markierung auch zwischen den Linien anbringen.

Wer seine Markierung unterhalb der fünften oder links von der ersten Kurve macht, ist entweder emotionsloser Materialist oder versponnener Idealist. Im letzteren Fall kann es sich auch um wirklich erleuchtete Menschen wie Buddha oder Jesus handeln, die die Bedingungen dieser Welt vollständig gemeistert haben.

Im Verlaufe eines Tages ändert sich möglicherweise die Position Ihrer Markierung auf dem Diagramm. Wenn ein Projekt zu scheitern droht, geht sie vielleicht nach unten, bei einer Erfolgsmeldung nach oben. Die Stabilität und Beständigkeit intrinsischer Kompetenz wird allerdings dadurch angezeigt, dass im täglichen Auf und Ab, vielleicht sogar in extremen Situationen eine grundsätzliche, tragende Haltung bestehen bleibt. Diese zentrierte und offene Lebenshaltung entsteht nicht durch Kontrolle und Anspannung, sondern sie schwingt in einem dynamischen Gleichgewicht, in dem Gefühle und andere Menschen mit einbezogen sind.

Wenn Sie mögen, lassen Sie sich auch mal von anderen Personen einschätzen, vergleichen die Markierungen und sprechen über die Unterschiede.

## Von der Spaltung zur Einheit

Angesichts der steigenden Spannung in Umwelt, Politik und Wirtschaft ist es unerlässlich, die Grundprinzipien menschlichen Seins, Sinns und Zusammenlebens neu zu definieren. Wie können gültige und lebendige Traditionen so geändert und ergänzt werden, dass sie den erweiterten Bedürfnissen und Aufgaben des Menschen gerecht werden? Dafür brauchen wir den Mut, unnötig gewordene Bahnen zu verlassen.

Ein der ganzheitlichen Entwicklung des Menschen entsprechendes Bewusstsein ist nicht moralisch, nicht puritanisch. Wir können auf Moral nicht verzichten, aber es ist eine andere Art von Moral – eine Moral, die aus dem Lebensgefühl kommt, aus der Empfänglichkeit, aus eigenen Erfahrungen. Das ist dann keine übernommene Moral, die von anderen unreflektiert gelernt wurde.

Der Tiefenpsychologe Erich Neumann stellte bereits 1956 sein Modell einer neuen Ethik vor, deren Grundzüge in vielen seither entstandenen Arbeits-, Lebens- und Wachstumsformen enthalten sind [25].

Das Ziel der neuen Ethik ist die Wiederherstellung menschlicher Ganzheit durch die Integration des »Bösen« und die Vereinigung der Gegensätze. Ihr Grundprinzip ist die Bejahung des »Bösen«, das Annehmen und Wiedereingliedern der unter der alten Ethik abgespaltenen Teile.

Während in der alten Ethik das Böse durch die Methoden der Unterdrückung und Verdrängung aus dem bewussten Leben verbannt wurde, geht es in der neuen Ethik darum, »Dunkles« als realen Anteil der eigenen Wirklichkeit anzuerkennen, zu verwandeln und konstruktiv nutzbar zu machen.

Das »Gut-sein-Sollen« der alten Ethik konnte nur mit Gewalt und Strafe durchgesetzt werden, das »Ganz-werden-Wollen« der neuen Ethik ist nur durch liebevolle Zuwendung zu dem dunklen Teil in uns möglich.

Die alte Ethik entwirft Idealbilder vom Menschen und verlangt die möglichst vollkommene Anpassung an diese. Die neue Ethik hingegen fordert das »Sich-Einlassen« auf einen andauernden Entwicklungsprozess in Richtung Ganzheit. Es geht darum, sich auf den Weg zu machen, und nicht darum, am Ziel anzukommen. Ständige Selbsterforschung und Selbsterkenntnis sind der ethische Auftrag.

Die »Stimme« war die bedeutsame Instanz für das Zustandekommen der alten Ethik. In der Entstehungssituation der alten Ethik hört der »Große Einzelne« (etwa der Prophet Mose) die Stimme als göttliche Offenbarung, formuliert das geschaute Idealbild vom »guten Menschen« und erlässt die alte Ethik als kollektiv gültiges Gesetz.

Die neue Ethik entspringt ebenfalls der Stimme, doch heute kommt diese aus der intrinsischen Kompetenz. Bezeichnend für den Umbruch zu einem neuen Zeitalter, den wir heute erleben, ist nun aber, dass die Stimme nicht in dem »großen Einzelnen« laut wird, sondern in vielen, täglich mehr werdenden »normalen Menschen« wie Du und ich, die in den unterschiedlichsten Positionen beheimatet sind. Jeder, der bereit ist hinzuhorchen, kann die Stimme hören. Und wer möchte, kann auch lernen, dieser Stimme Ausdruck zu verleihen[28].

Es bedarf einer ganz persönlichen Entscheidung. Die Stimme vertritt die Belange der Ganzheit, und diese Ganzheit ist für den Menschen in erster Linie die eigene individuelle Ganzheit, die mit dem rationalen Verstand nicht ganz zu erfassen ist, jedoch von immer mehr Menschen auf subjektive Weise erfahren wird.

Die neue Ethik ist eine Individualethik. Sie lässt sich nicht zur Grundlage einer allgemeinen Gesetzgebung machen, wie wir das von der alten Ethik her kennen. Das heißt: Der Einzelne ist selbstverantwortlich für den Umgang mit seinem eigenen »Bösen«, das »Ich-Bewusstsein« des Einzelnen hat die Integrationsarbeit zu leisten, kein Priester, Coach oder Richter kann ihm dies abnehmen.

Das »Böse« ist das ungelebte Leben: Das »Dunkle«, die Triebe, das hat zu tun mit Sexualität, Aggression, Schmerz, Irrationalem – aber auch mit nicht zugelassenen Fähigkeiten und Genialitäten. Auch geistige Qualitäten schlummern in uns und wollen gelebt werden.

Es geht also nicht darum, in den Himmel zu kommen, aber auch nicht darum, zum Tier zu werden, sondern darum, ein ganzer Mensch zu sein. Dieser Mensch weiß um seine animalische und geistige Herkunft, er realisiert beides in menschlicher Gestalt in einer neuen Einheit.

Dies entspricht in seiner Grundaussage dem Gebot der christlichen Nächstenliebe: »Liebe deinen Nächsten wie dich selbst.« Das beginnt bei einem selbst, beim Annehmen der eigenen dunklen und auch lichten abgespaltenen Seinsteile. Nur wo sich diese Liebe zum dunklen Bruder in der eigenen Tiefe, in der Innenwelt ereignet, ist die Liebe zum anderen in der Außenwelt glaubwürdig und echt.

Somit bringt uns die neue Ethik einiges: Überwindung der Spaltung von Geist und Materie, authentische Beziehungen, Integration der äußeren Person mit ihrem Wesenskern, neue Ziele in der Aufschlüsselung humaner Ressourcen und letztlich eine tiefe menschliche Liebe, Toleranz und Genussfähigkeit. Korruptionen kommen ans Tageslicht und die falschen Versprechungen des Konsums werden nach und nach durch echte Befriedigung ersetzt.

Dieser Weg führt an Überraschungen und Risiken nicht vorbei. Verglichen aber mit der gefährlichen Zerstörung, die wir uns einhandeln, wenn wir beim Alten bleiben, ist jeder einzelne Schritt so kostbar, dass es sich lohnt, kleine und große Veränderungen auf diesem Planeten freudig und schöpferisch zu bewältigen.

Eine derartige Kreativität, die mit Wohlwollen eingeladen und in Gang gebracht wird, öffnet das Bewusstsein. Die Einschränkungen einseitiger egoistischer Haltungen und Ängste lösen sich, Probleme werden aus der Freiheit heraus, umfassend und zufriedenstellend bewältigt.

## Problemlösungen durch Verbindung von geistiger und materieller Welt

Die Lebenslust steigt, wenn schöne und dramatische Situationen mit intrinsischer Kompetenz erlebt werden, wenn die Realität als solche erlebt wird, ohne Selbsttäuschung und ohne Manipulation. Der glaubwürdige Ausdruck einer authentischen Handlung berührt mit seiner Schönheit alle Anwesenden, setzt Energie frei, motiviert und öffnet ungeahnte Türen.

Vielleicht sind Ihnen einige dieser Schritte bereits geläufig, vielleicht gibt es einiges noch zu verstehen und zu erledigen. So oder so laden wir Sie dazu ein, im Sinne der neuen Ethik mit uns zusammen in den folgenden Aphorismus einzustimmen, der geistige und materielle Welten miteinander verbindet und unsere aktuellen Probleme löst:

*»Ich bin selbstbewusst und in mir verankert.*

*Daher liegt es mir nahe,*
*in Übereinstimmung von Innen und Außen zu handeln.*

*Ich gebe Gefühlen und Empfindungen den Raum,*
*den sie benötigen,*
*damit eine konstruktive Kraft sich entfalten kann.*

*Ich gehe mit Fakten und Informationen so um,*
*dass sie den Menschen nicht unterdrücken,*
*sondern unterstützen und erweitern, denn*

*Glaubwürdigkeit schafft Vertrauen,*

*Vertrauen schafft Stärke,*

*Stärke erschafft Präsenz,*

*Präsenz mit allen Sinnen und ethischen Werten*

*erschafft Erfolg,*

*Erfolg zieht andere Menschen an,*

*Menschen, die abgeholt und mitgenommen werden,*

*erschaffen eine Welle der Zuneigung,*

*Zuneigung erschafft Kreativität,*

*Kreativität schafft ein offenes Bewusstsein,*

*und ein offenes Bewusstsein wird immer siegen.«*

**Neun Impulse:**

1. Betrachten Sie entweder Ihr Unternehmen, Ihre Familie oder sich selbst mit einem offenen Blick und dem, was Sie bisher über intrinsische Kompetenz erfahren haben.

2. Wo sind die drei Schichten? Die äußere Schicht zeigt sich vielleicht in Positionierung, Ergebnissen und Erwartungen. Im Kern befinden sich Potenziale und Ressourcen. Und in welchem Zustand befindet sich die mittlere Schicht? Trennt oder verbindet sie Außen und Innen? Dominiert eine der Schichten? Und wie reagieren die anderen Schichten darauf?

3. Suchen Sie konkrete Situationen auf, die einem humanen und ökonomischen Zusammenwirken entgegenstehen, z. B. wenig Kommunikation, geringe Motivation oder übermäßiger, andauernder Druck.

4. Wollen Sie sich und allen Beteiligten eine Chance zur Verbesserung dieser Zustände geben und die intrinsische Kompetenz Einzelner und des Ganzen verstärken?

5. Wenn ja, was konkret wird sich dabei verändern?
Beispiel: Wesentliche Themen werden angesprochen, sachliche und emotionale Konflikte kommen auf den Tisch und werden kreativ gelöst.

6. Wie kann dies in die Wege geleitet werden, etwa mit gezielten Meetings, geeigneten Fortbildungen, Coachings?

7. Wer oder was wird Sie dabei unterstützen, wie können gemeinsame und individuelle Werte, materielle Ressourcen und menschliche Potentiale zum Tragen kommen?

*8. Betrachten Sie nun Ihr Projekt als vollendet. Wie sieht es aus – in den schönsten Farben, mit dem bestmöglichen Ergebnis?*

*Bitte nehmen Sie sich den vorigen Aphorismus auf Seite 185 vor, beginnend mit:»Glaubwürdigkeit schafft Vertrauen, ...« und fokussieren Sie beim Lesen nun auf Ihr Projekt, wobei Sie dieses als bereits vollendet betrachten.*

*Öffnet sich dabei etwas in Ihnen?*

*Entscheiden Sie selbst, ob Sie noch andere Vorbereitungen benötigen oder mit einem guten Gefühl innerhalb der nächsten 72 Stunden mit der Realisierung beginnen können.*

*9. Was ist Ihr erster wirklicher Schritt?*

# Literaturverzeichnis

(1) MASTERS, Robert: Neurosprache. Erleben, wie Sprache direkt auf den Körper wirkt. VAK 2008, ISBN 978-3-86731-007-9

(2) DÜRCKHEIM, Karlfried: HARA. Die Erdmitte des Menschen. Otto Wilhelm Barth 2003, ISBN 3-502-67151-6

(3) Carl Gustav JUNG hat mit seinen Werken nicht nur die Psychologie, sondern auch die Theologie, Völkerkunde, Literatur, Kunst und die sich daraus entwickelnde Kunsttherapie beeinflusst.
Er gehört wie DÜRCKHEIM (2) zu den Tiefenpsychologen, die die Individualität als Kern der Persönlichkeitsentwicklung ansehen. Die wichtigsten von ihm geprägten Begriffe wie das Unbewusste, extra- und introvertierte Menschen, Anima und Animus, Schatten, Archetypen, das Selbst, die Individuation werden auf anschauliche Weise von seiner Mitarbeiterin dargestellt: FRANZ, Marie-Louise: Der Mensch und seine Symbole, Patmos 2009, ISBN 978-3491421356

(4) REICH, Wilhelm: Charakteranalyse. KiWi 2009, ISBN 978-3-462-01982-7
Viele körperorientierte Entwicklungsmethoden gründen auf Reichs Ideen, diese wurden von Nachfolgerinnen wie Ida ROLF (Rolfing) und Gerda BOYESEN (Biodynamik), von Alexander LOWEN (Bioenergetik) und anderen Vertretern der humanistischen Psychologie nach neuen Erkenntnissen der Psychologie und der Neurobiologie modifiziert.

(5) MALPASS, Eric: Morgens um Sieben ist die Welt noch in Ordnung. Rowohlt 1967

(6) NEIDHÖFER, Loil: Die Disziplin der Lust. Transform 1993, ISBN 3-926692-34-0

(7) ROBBINS, Anthony: Grenzenlose Energie – Das Power Prinzip. Wilhelm Heyne Verlag GmbH. & Co KG, München, 5. Auflage 1994

(8) ROSSI, Ernest L.: 20 Minuten Pause. Wie Sie seelischen und körperlichen Zusammenbruch verhindern können. Junfermann 1993, ISBN 3-87387-085-1

(9) LIPTON, Bruce H.: Intelligente Zellen. Wie Erfahrungen unsere Gene steuern. Koha-Verlag 2007, ISBN 3-936862-88-1

(10) ROSSI, Ernest L.: Die Psychologie der Seele-Körper-Heilung. Neue Ansätze der therapeutischen Hypnose. Synthesis 1991, ISBN 3-922026-64-8

(11) LEVINE, Peter A. mit FREDERICK, Ann: Trauma-Heilung. Unsere Fähigkeit traumatische Erfahrungen zu transformieren. Synthesis 1998, ISBN 3-922026-91-5

(12) GRUEN, Arno: Der Verrat am Selbst. Die Angst vor Autonomie bei Mann und Frau. dtv 2002, ISBN 3-423-35000-8

(13) KURTZ, Ron: Körperzentrierte Psychotherapie. Die Hakomi Methode. Synthesis 1988, ISBN 3-922026-04-4

(14) DYCHTWALD, Ken: Körperbewusstsein. Eine Synthese der östlichen & westlichen Wege zur Selbst-Wahrnehmung, Gesundheit & persönlichem Wachstum. Synthesis 1981, ISBN 3-922026-02-8

(15) BRENNAN, Barbara Ann: Licht-Arbeit. Das große Buch der Heilung mit körpereigenen Energiefeldern. Goldmann 1989, ISBN 3-442-12054-3

(16) PAINTER, Jack: Körperarbeit und persönliche Entwicklung. Kösel 1984, ISBN 978-3466341009

(17) HENDERSON, Julie: Die Erweckung des Inneren Geliebten. Ein praktisches Arbeitsbuch der Energielenkung allein und zu zweit. Ansata 1989, ISBN 3-7157-0124-2

(18) CHIA, Mantak und ARAVA, Douglas Abrams: Öfter – länger – besser. Sextips für jeden Mann. Knaur 1996, ISBN 3-426-82099-4

(19) CHIA, Mantak: Tao Yoga, Praktisches Lehrbuch zur Erweckung der heilenden Urkraft Chi. Ansata Verlag Interlaken 1985

(20) LONG, Barry: Nur die Angst stirbt. Ein Buch der Befreiung. J. Kamphausen 2007, ISBN 978-3-933496-28-7

(21) HESSE, Hermann: Klein und Wagner. Suhrkamp 1973, ISBN 978-3518366165

(22) SCHELLENBAUM, Peter: Aggression zwischen Liebenden. Ergriffenheit und Abwehr in der erotischen Erfahrung. dtv 1998, ISBN 3-423-35109-8

(23) DALICHOW, Irene: Beziehung statt Erziehung. Hermann Bauer 1989, ISBN 3-7626-0647-1

(24) SATIR, Virginia: Mein Weg zu dir. Kontakt finden und Vertrauen gewinnen. Kösel 2007, ISBN 978-3-466-30548-3

(25) NEUMANN, Erich: Geist und Psyche. Zur Psychologie des Weiblichen. Fischer 1987, ISBN 3-596-42051-3

(26) SHELDRAKE, Rupert: Das schöpferische Universum. Die Theorie des morphogenetischen Feldes, Ullstein 2009 ISBN 978-354837259-4

(27) JOHARI, Harish: Das große Chakra-Buch, Bauer Hermann Verlag 1992, ISBN 978-3762603207.

(28) HAUGENEDER, Katrin: Stimme spüren! Praxis und Philosophie zur Stimmentfaltung. Breuer & Wardin Verlagskontor 2009. ISBN 978-3-939621-37-9

In Ergänzung zu diesem Buch haben die Autoren auch eine DVD und eine CD erstellt, die ebenfalls im Breuer & Wardin Verlagskontor erschienen sind.

**Martin Nimsky & Jost Pogrzeba: GEN Evolution (CD)**

Die fünf Phasen dieser Musik-Meditation entsprechen den fünf Phasen, in denen das Gehirn neue Informationen und Erlebnisse aufnimmt und verarbeitet. Das Hören dieser Musik animiert, die für das geistige und körperliche Wohlbefinden notwendigen Phasen wiederzuerlernen. Der dabei erzielte Effekt ist das Training des Bewusstseins und Körperbewusstseins, die Verarbeitung unerledigter Eindrücke, eine Erdung, eine Zentrierung und Öffnung, die Aufschlüsselung eigener Talente und die Integration mit äußeren Aufgaben. Die Bewegung durch die Musik regt zu »innerer Arbeit« an, wodurch das Potential der menschlichen Erregung, Aufregung und Verwirrung auf unerwartet positive Weise in alltäglichen und besonderen Situationen genutzt werden kann.

1 CD, 49:38 Minuten, 15,– EUR
ISBN 978-3-939621-80-5

**Beate & Martin Nimsky: Intrinsische Kompetenz (DVD)**

Lernen Sie mithilfe dieser DVD Ihre Leistungs- und Konzentrationsfähigkeit zu steigern. Die hier vorgestellten Techniken basieren auf den Lehren der Jahrtausende alten chinesischen Medizin sowie auf Energie- und Körperarbeit. Nach eingehenden Erläuterungen führt Beate Nimsky Sie mit Übungen in die grundlegenden Techniken der Energiearbeit ein und hilft Ihnen, Klarheit über ein regelmäßig durchführbares Bewegungskonzept zu erlangen.

1 DVD, ca. 120 Minuten, 19,– EUR
ISBN 978-3-939621-79-9

Wenn Sie weitere Informationen wünschen oder Kontakt mit den Autoren aufnehmen möchten:

**nimsky :** *human power* **development**
Beate und Martin Nimsky

Im Kleinflürlein 4
D-74889 Sinsheim

Telefon: (+49) 7266 915390
Fax: (+49) 7266 9153929

Web: www.intrinsischeKompetenz.de
E-Mail: hpd@nimsky.de